KB203617

여보시게!
그 업장 나에게 주게나

마음의 **등불** 하나, 세상을 **밝힌다.**

여보시게!
그 업장
나에게 주게나

마음의 **등불** 하나, 세상을 **밝힌다.**

지은이 **원 종**

출판문화 대 훈

이 글을 쓰면서

글을 쓰는 사람의 대부분은 자신의 글이 많이 읽혀지기를 기대하는 것이 솔직한 심경일 것이다. 그러나 나는 이 글과 인연된 모든 사람이 한 가지라도 감명 받은 것이 있으면 관음보살의 '백선경'처럼 실천하고 지켜 주기를 소망한다. 왜냐하면 이 세상에 의미 없이 태어난 것이 아니기 때문이다. 부처님처럼 이 세상에 출현(出現)했기 때문에 각자 이 세상을 위해 반드시 완성하고 가야 할 책무(責務)가 있다. 이 책무를 이루려고 노력하는 사람이 진정한 '수보리'라 할 것이다. 그러나 이 수보리의 역할을 잊어버리고 지키지 못하면 중생(衆生)이 된다는 사실을 알아야 한다.

그러면 진정한 수보리의 역할은 무엇일까?

수보리는 각자가 태어난 가정에 구성원이 되어 보리도를 구현하고 또 그 가문에 내려오는 연기업장을 소멸해야 한다. 그러면 자신이 받은 이 세상에 공양을 짓게 되고 이것은 또 미래 세상을 위한 자원이 되니 거기에 동참하는 것이다. 부처님은 중생을 구원하고 수보리는 각자가 태어난 가문의 제도자인 것이다.

이렇게 각자가 주어진 위치에서 자신의 역할을 다한다면 즉 본심(本心)을 밝히면 등불이 되고 작은 등불 하나가 세상을 향해 빛을 비추기 시작한다. 나의 본심을 깨달으면 마음의 등불이 켜지고 그러면 나의 가정이 밝아지고 한 사람 한 사람 각자의 마음의 등불을 켜게 되면 사회가 밝아지고 나아가 국가가 밝아지게 되니 이것이 바로 불국정토(佛國淨土)가 아니겠는가?

이 세상 모든 사람이 '마음의 등불 하나' 켜기를 간절히 기도한다.

원 종 합장

목차

11.

업業- '업'이란 무엇인가? 277

12.

단상斷想 291

나는 누구인가?

이 세상에 왜 태어났을까?

태어난 목적은 무엇일까?

살아가면서 왜 이런 고통을 겪는가?

사람들은 대체로 고통을 겪을 때 전생에서 지은 업보나 타고난 사주팔자 때문이라고 말한다.

이는 삼세인과보를 깨우치지 못해 하는 말이다. 삼세인과보를 깨우치지 못하면 과거 현재 미래세를 부정하게 되고 이 부정하는 마음은 결국 자신이 이 세상에 왜 태어났는지 모르고 살아가게 되는 것이다.

태어난 이 세상이 왜 삼세일까?

1. 제1천 정토 세상

정토세상은 아미타부처님이 계시는 곳을 말한다.

이 세상은 각자의 역할 분담이 조화롭게 이루어진 세상이며 빛의 에너지가 한량없다. 서로가 존중하며 반목과 갈등이 없는 공존의 세상이다.

이 정토세상에서 수보리성(부처의 자식된 도리)을 원만하게 실천하지 않거나 이 세상에 반하는 행위를 하게 되면 이것이 인과(因果)가 된다. 이 인과를 소멸하기 위해 미타천으로 쫓겨나게 되는 것이다.

2. 제2천 미타천

미타천은 중생업보를 소멸시키는 세상이다.

정토의 세상에서 죄를 짓고 쫓겨난 자를 엄격하게 수행시킨다. 정토에서 지은 죄의 습은 쉽게 소멸하지 않는다. 보리도를 실천하는 과정에서 그 습이 재현되기 때문에 끝없는 수행을 하게 된다.

보리도를 이루고 수보리성이 이루어지면 극락정토로 바로 보내는 것이 아니라 마지막 수행천(실상천)인 현세에 다시 태어나는 것이다.

3. 제3천 시방삼세의 실상천(현세)

미타천에서 수행한 보리도와 수보리성을 현세에서 다시 이루어 재현하는 세상이다.

그러므로 마지막 수행천인 이곳에서 중생의 세월을 보내지 말아야 한다.

그러나 이곳 물질과 형상의 세상은 마음의 파장이 많이 일어난다. 이 마음의 파장을 재현하지 않으면 업장을 소멸하고 본래대로 가지만 재현하면 중생으로 전락하는 것이다.

4. 나의 과제는 무엇일까?

실상천에서는 어떤 종사의 과제를 받게 되는가?

태어난 가문에 호적성과 적호성을 부여받게 된다.

호적성은 태어난 가문의 종속자로서 제도의 의무를 부여받은 것이다.

적호성은 태어난 가문에 부족한 빛을 구현하여 실상을 이루는 것이다. 그러나 적호성을 밝히지 못하고 중생심에 머물게 되면 보리도를 구현하지 못하게 되고 그래서 재해를 받게 되는 것이다.

태어난 가문은 어떤 가문인가?

업장이 많은 가문인가?

수명이 짧은 가문인가?

수대로 내려오면서 물질이 부족한 가문인가?

수대로 내려오면서 학문을 재현하지 못한 가문인가?

양설업을 지은 가문인가?

영매신에 잡혀 역신을 섬기는 가문인가? 등 업으로 인해 파생되는 현상들이 헤아릴 수 없이 많다.

이러한 가문에 태어난 자는 과거 미타천에서 수행한 것으로 이곳 실상천의 가문에 제도자로 태어난 것이다.

실상천은 유한한 세상이니 가문에 내려오는 연기업장을 하루라도 일찍 소멸하면 할수록 삶의 고통에서 그만큼 빨리 벗어날 수 있다.

제도자의 마음은 늘 청정해야 한다.

게으르고 나태한 마음이 없어야 한다.

탐욕과 허영심이 없어야 한다.

늘 보리도의 가치를 수기(修己)로 삼아 중생심에 머물지 말아야 한다.

어떤 가문에 태어났더라도 그 가문에 내려오는 연기업장을 두려워할 것은 없다. 왜냐하면 실상천에서 자신이 지은 인과업과 가문의 연기업장을 소멸할 수 있기 때문이다. 그러나 자신도 모르게 가문에 내려오는 업의 현상을 재현하게 되면 그 과보가 가중되어 재해를 입게 되고, 고통을 겪게 되는 것이다.

이제 자신의 과제를 풀어가는 길도 찾았다. 그리고 고통과 장애를 주는 가문의 연기업장을 소멸하는 길도 알았다. 연기업장을 소멸하고 나면 자신의 과제만 풀어가면 된다.

연기업을 하루라도 빨리 소멸하면 고통과 장애도 그만큼 빨리 벗어나니 업장소멸은 빠르면 빠를수록 좋다는 것이다.

선남자 선여인이여!

살다가
살다가
힘이 들면

"여보시게!
그 업장
나에게 주게나"

1. 성불의 길

· 시향법과 적필수행
· 산불(産佛)과 시분향(時分香)
· 단주와 단
· 화현목과 시현목
· 수량백등호·양호화등호·천량백등호
· 로고제와 시고제
· 다전목각
· '파중'과 '시중'스님
· 백선경
· 호작타와 수작타
· 백운목반과 웅비약산
· 유념주와 수안경
· 詩 마음
· 파구(波丘)
· 詩 회향(回向)
· 은산약
· 詩 님
· 금바
· 소자와 호자

시향법과 적필수행

믿음은 마음에서 자생적으로 우러나와야 한다. 타인이 권해주는 믿음보다 자신의 본래 타고난 믿음으로 세상을 살아가야 하는 것을 '시향법과'라 한다.

나와 함께하는 인연들이 어떤 고통을 주더라도 나에게는 한량없는 가피력과 원력이 있기에 이 고통은 스스로 제도할 수 있다. 그러나 자신의 본성이 깨어나지 않으면 이 세상에서 부여받은 종사성을 다하지 못한다.

우리는 이 세상에 태어나기 전에 미타천에서 이 수행을 쌓았기 때문에 어떤 고통이 닥치더라도 이것을 극복할 수 있는 능력이 있다.

어떤 사람이 말하기를

"그대는 능력이 참으로 대단하다. 나 같으면 그 어려운 고통을 이겨내지 못했을 텐데 그 고통을 어떻게 잘 참고 이겨냈는가?"라고 묻는다. '적필수행(미타천에서 수행한 결과)'으로 받아온 능력이 있었기에 그 힘든 고통을 극복할 수 있었다고 말한다.

'적필수행'에는 이런 과정이 있다.

1. 시종향사

시방삼세를 받은 세월에서 자신이 실천해야 할 과제를 풀어가는 과정에는 갖가지 극복해야 할 고통이 있다. 이렇게 겪는 고통과 아픔의 대가를 바라지 않고 또 그 고통을 준 사람에게도 좋은 마음을 베풀어 상대를 순화시켜야 한다. 자신이 존재하는 이유는 상대를 바로 인도해 주기 위해 존재한다는 것을 알아야 한다.

함께 살아가는 인연은 부처인가 중생인가를 한번 돌아보아야 한다. 내가 중생인지 아니면 나와 같이 살아가는 사람이 중생인지 알아야 한다. 사람의 됨됨이가 되지 않은 사람은 중생이고, 됨됨이가 바른 사람은 부처이다.

'대고종사'라는 말이 있다.

한 집안에 부처와 중생이 같이 살고 있다는 뜻이다. 이 집안에는 반드시 불보살이 존재하고 실천하고 간다. 불보살의 역할은 중생을 다듬어서 본래의 자기 자리를 찾아주어 자신의 역할을 제대로 하도록 하는 것이다.

세상에는 선과 악이 있다. 선한 사람은 처음부터 끝까지 선을 지키며 종사성을 다해야 한다. 그 과정에는 온갖 고통과 아픔이 따른다.

그런데 중생은 어떤가?

처음에는 자신이 깨어나지 않아 상대에게 고통을 주다가 마지막에는 참회하고 용서를 구한다. 이것이 불보살의 역할이다.

우리가 살아가는 가정과 세상에는 이렇게 부처와 중생이 함께 살아간다.

이 법을 '시종향사'라 한다.

2. 종심무각

나에게 언제 불심이 생겼는지 언제 큰 원력이 생겼는지 모르지만 겪어온 세월을 다시 하라고 하면 못할 것이다. 주어진 과제이기에 그 뜻을 수행할 수 있었다. 함께하는 인연이 소중하다는 깨달음도 있었다. 인연이 없었다면 불성이 얼마나 원대하고 화려한지 알지 못했을 것이다.

3. 소선품

세상은 어디에서부터 시작이 되는가? 내가 태어난 가정에서 시작된다.

내가 살아가는 목적이 무엇인가? 내가 종사 받은 가문에 보리도를 이루어 공양보(세상의 자원을 이룸)가 되는 것이다.

이것을 모르면 가정에는 불효자로 세상에는 나쁜 사람으로 평가를 받는다.

세상은 바로 내 가정으로부터 시작된다는 것을 알아야 한다.

어리석음에서 깨어나지 못하고 그릇된 세월을 보내면 공양보가 되지 못한다. 내 앞길을 닦아줄 사람이 있는가? 내 길을 대신 닦아줄 사람은 세상에 그 어디에도 없다. 내가 가는 길은 스스로 닦아가야 한다. 부모 형제도 내 길은 닦아주지 못한다.

내가 닦아가는 길은 밝고 맑고 청정해야 하며 자비와 보시의 실체가 있어야 한다. 이것을 '소선품'이라 한다.

'파중'과 '시중'스님

'파중'이란 스님이 어느 마을에 탁발을 하러 왔다.

사립문 앞에서 목탁을 치며 염불을 하고 있으니 예쁜 새색시가 쌀을 한 바가지 들고 나온다.

"보살님! 죄송합니다만 소승이 오늘은 쌀을 원하는 것이 아니라 소금을 탁발하러 왔습니다. 소금 한 사발만 주시면 고맙겠습니다."

그 말을 듣고 새색시는 속으로 생각했다.

'어떻게 쌀보다 소금이 좋을까? 소금보다는 쌀이 더 비싼데 스님은 역시 보통 사람들과는 다른가 보구나!' 이런 마음으로 안으로 들어가 소금을 한 사발 가져다 드렸다. 사실 스님은 식후에는 소금을 먹어야 했기 때문이다. 그래서 소금을 탁발한 것이다.

'파중'스님이 다녀간 그 마을에 '시중'스님이 탁발하러 왔다. 그 집에 들어서니 그 새색시가 이번에는 소금을 한 사발 들고나왔다. 시중스님은 들고 온 소금 사발을 보고 물었다.

"어떻게 소금을 주십니까?" 새색시는 대답했다.

"며칠 전 어떤 스님이 다녀가셨는데 소금을 달라기에 스님도 소금을 탁발하러 오신 줄 알았습니다."

"아, 그래요."

스님은 소금을 사양할 수도 없고 그렇다고 따로 담아 갈 형편도 아니어서 쌀만 들어 있는 바랑에다 소금을 같이 담을 수밖에 없었다. 스님은 돌아오면서 먼저 탁발했던 그 스님은 어째서 쌀이 아닌 소금을 탁발해 갔을까? 생각해 보았다.

그 답은 절로 돌아와 밥을 지어본 다음 알았다. 소금 섞인 쌀로 지은 밥을 먹어보니 밥이 적당하게 간이 되어 반찬이 필요 없었던 것이다.

시중스님은 무릎을 탁 쳤다.

"이런 것도 있구나!"

반찬 없이도 식사를 할 수 있게 된 것은 고마운 일이었다. 그 고마움을 소금을 준 새색시에게 표해야 하는 걸까? 처음 그 색시에게 탁발하러 왔던 파중스님에게 해야 할까?

이튿날 시중스님은 염불을 하면서 말했다.

"파중스님 고맙습니다."

소금을 탁발할 수 있게 된 것이 파중스님 때문이라고 여겨졌던 것이다.

마침 지나가던 '파중'스님이 '시중'스님의 정사에 들어서니 낭랑하게 염불하는 소리가 들렸다. 그런데 자신의 이름을 불러가면서 고맙다고 하니 무슨 사연인지 궁금했다. 그렇다고 법당 안으로 들어가서 스님에게 물어볼 수도 없고 하여 법당 밖에 걸터앉아 기다리고 있었다.

염불을 마친 스님이 밖으로 나오자 파중스님이 말을 던졌다.

"받은 것이 있으면 내 등에 얹어주게나!"

그러자 '시중'스님이 받아쳤다.

"부처님을 등지고 앉았으면 그게 스님인고!"

즉시 파중스님이 되받아 쳤다.

"염불은 삼보에 귀의했는데 행(行)은 그렇지 못하군!"

파중스님의 선문답 같은 말씀에 할 말을 잃은 시중스님은 한동안 멍한 모습이 되었다.

오랜 세월을 한결같이 수행정진을 한 파중스님은 염불을 마치고 나온 시중스님을 보자마자 전생에서 자신의 제자란 걸 알았다.

"자네 이름이 '시중'이란 걸 아느냐?"

시중스님은 그제서야 '내 이름이 시중이구나!'라고 느꼈다. 바로 앞에 계시는 파중스님이 전생의 스승인 줄 모른다. 그러나 자신에게 가르침을 준 고마움으로 합장을 하며 스승의 예를 갖춘다.

여기서 '파중'이란 세상 속의 스승을 지칭하는 말이다. 스승이란 시간과 장소를 가리지 않고 또 큰일 작은 일을 분별하지 않고 그때그때 잘못을 지적하고 가르침을 주는 사람을 말한다. '시중'이란 수행중인 사람 즉 배우는 사람을 의미한다.

파구 波丘

월천산은 산세는 물론 경치도 아름다워 산을 좋아하는 많은 사람이 찾는 곳이다.

어느 날 친구들과 함께 월천산으로 떠났다. 도착하자마자 산을 어떻게 올라갈 것인가를 두고 의견이 갈렸다. 몇 사람은 산은 걸어서 올라가야 제대로 구경할 수 있다 하고 또 몇 사람은 관광버스를 타고 편하게 빨리 갔다가 내려오자고 했다.

결국 버스를 타기로 했다. 정상이 가까워질수록 버스는 고르지 못한 가쁜 숨을 몰아쉬면서 있는 힘을 다하는 듯했다. 이러다가 버스가 뒤로 미끄러지지나 않을까 하고 점차 불안하기까지 했다. 힐끗 곁눈질로 운전기사를 돌아보니 아주 태연한 얼굴이었다. 정상에 거의 다 왔을 무렵이었다.

그때 할머니와 같이 앉아 있던 꼬마가 갑자기 물었다.

"할머니 저게 무슨 말이야?"

일순간 모든 승객은 그 꼬마가 가르치는 곳을 쳐다보았다.

그곳에는 작은 팻말에 "파구(波丘)"라고 적혀 있었다. 할머니는 뒤를 돌아다보며 묻는다.

"저 말이 무슨 뜻인지 아는 사람 없어요?"

그 누구도 대답하지 못하자 할머니는

"이 버스 안에는 배운 사람이 많을 텐데 어찌 저 말을 아는 사람이 없단 말인가?"라면서 못내 아쉬워했다.

파구(波丘)란 물결이나 음파 따위에서 가장 높은 부분을 뜻한다. 나는 저 할머니가 그 뜻을 몰라 묻는 것은 아니라고 생각했다. 그러자 나의 마음은 한편으론 미안하고 한편으론 답답해서 견딜 수가 없었다.

할머니는 매일 이 길을 다니는 운전기사는 아는지 모른다는 생각에 기사에게 물었다.

기사가 대답했다.

"제가 이제껏 살아온 경험으로 미루어 정상을 향해 올라갈 때는 이 차와 같이 안간힘을 쓰면서 최선을 다하지만, 정상에 오르고 나서 내려갈 때는 그렇지 않은 것 같아, 이를 경계하는 뜻으로 써 놓은 것이 아닌가 생각됩니다."

할머니는 그제야 빙그레 웃으시면서 손자의 손을 꼬옥 잡는다.

대체로 산의 정상을 향해 올라갈 때는 가쁜 숨을 몰아쉬며 최선을 다하지만, 내려올 때는 쉽게 생각한 나머지 미끄러져 다치는 경우를 종종 본다.

이같이 삶의 정상에서도 내려올 마음의 준비를 하지 않고 오히려 또 다른 삶의 정상을 향하다 보면 불상사를 당하는 사람이 많다.

이는 마치 거대한 함선이 높은 파도의 정상과 정상에 걸터앉으면 두 동강 나면서 순식간에 침몰하는 것과 같다.

승려 세 분이 있었다. 그중 한 분은 염불을 잘하는 스님이었고 또 한 분은 설법을 잘하고 다른 한 분은 거리를 누비고 다니는 '바라승' 이었다.

염불하는 스님은 워낙 염불을 잘하여 많은 불자가 모여들었다. 그들이 시주할 때는 어떤 물건이든 아주 잘 생기고 크고 굵고 맛있는 최상품만 골라서 했다. 그래서 이 스님은 넉넉하게 생활하게 되었고 차츰 풍족한 생활이 자신의 염불 덕이라 생각되어 거만해지기 시작했다.

한편 설법을 잘하는 스님은 워낙 말솜씨가 뛰어나 수많은 제자를 두게 되었다. 그리고 공양도 최상품은 아니더라도 넉넉하게 받았기 때문에 자연히 풍족한 생활을 누리게 되었다.

반면에 바라승은 이집 저집 시주하러 다니면서 어떤 집에서는 '우리는 무신론자요!'라며 문전박대를 받고 또 어떤 집에서는 우리는 '다른 교를 믿는다!'라고 하면서 온갖 구박을 받았다.

그러나 그런 소리에는 개의치 않고 "전등(傳燈)이여! 전등이여!"라면서 온 거리를 돌아다녔다. 오직 자신은 중생들에게 부처님 말씀을 전하고 길을 열어주고 보여주는 것만이 자신의 할 일이라고 생각하면서 오로지 전등(傳燈)하는 일에만 전념하였다.

어느 날 정법사란 절에서 세 분 승려가 함께 머물게 되었다. 마침 부처님께서 나투시어 잠자는 세 승려의 모습을 보니 염불승은 "수리

수리 마하수리 수수리 사바하"라면서 잠꼬대를 하고 설법승은 "부처님 가로 왈 내가......," 하고, 바라승은 "전등이여! 전등이여!"라면서 잠꼬대를 하는 것이었다. 그만큼 세 승려가 각자 자신이 하는 일에는 열심이었다.

아침에 일어나서도 가만히 보니 염불승은 물을 한잔 마시고는 목소리를 가다듬고 설법승은 거울을 보고 이마를 문지르면서 자신의 몸단장에 여념이 없고 바라승은 물속에 발을 담그고 양손으로 두 발을 주무르며 하루를 시작하는 것이었다.

세월이 흘러 세 분의 승려는 열반의 길로 들게 되었다. 염불승은 자신이 생각하기에 한 평생 부처님 염불만 하였으니 부처 자리 하나는 자신을 위해 비워 놓았을 거라 하고 생각했다. 기분이 절로 좋아 염불 대신 노래를 흥얼거리면서 천수여래전 입구에 도착하니 자기가 한평생 공양을 받아먹었던 최상품의 음식들이 산더미처럼 쌓여 있는 것이 아닌가? 그 앞에 자신의 자리가 있는 것이었다. 역시나 자신이 수행을 잘하였구나 하고 생각하고는 자신의 자리에 의기양양하게 앉았다.

설법승도 한평생 동안 많은 제자를 배출시켰으니 어떤 위치에 자신의 자리가 있을까 궁금했다. 도착하고 보니 자신의 제자들이 가득 모여 있는 그 앞에 비워둔 자리가 있었다. 역시 자신의 할 일을 다 했다는 듯이 점잖게 자신의 자리에 앉았다.

한편 바라승은 '아직도 부처님 말씀을 방방곡곡에 골고루 전하지 못했는데 부처님 전에 가서 무슨 말을 할까?' 생각하면서 도착하여 보니 가장 좋은 위치에 비워져 있지 않는가!

천수여래께서 나오셔서 말씀하셨다.

"내가 혜안이 없어 누가 올바른 수행을 했는지 구별을 못 하겠으니 수행을 잘한 사람은 앞으로 나오시오."

염불승이 맨 먼저 자신 있게 나오고 그다음 설법승이 뒤따라 나왔다. 바라승만이 그 자리에 가만히 있었다. 그러자 부처님께서는 굵고 긴 막대기를 들고는 "바라승! 그대는 무엇을 하느라 수행을 올바로 하지 못했느냐?"라면서 바라승의 종아리를 부러지도록 힘껏 내려쳤다. 막대기가 도리어 두 동강 나면서 부러지는 것이 아닌가? 여래께서는 한평생 두발로 전등한 바라승의 다리를 시험하신 것이다.

"그대는 부러진 막대기를 들고 저 문(부처님만 다니는 문)으로 들어가라."

그리고 염불승을 보고 말씀하셨다.

"그대는 어찌하여 최상품만 탐하고 먹고 지냈단 말인가! 탐하는 그 마음의 죄가 얼마나 큰지 아느냐? 최상품의 공양은 부자들만이 할 수 있는 것이고 이는 곧 부자들을 위해 염불을 해 준 것이다. 어렵고 병들고 가난한 이들을 위해 베풀어 주어야 하는 것이 아닌가? 그대는 그대 앞에 있는 그 물건들을 혼자서 몽땅 짊어지고 여래전까지 갖고 가라."

또 설법승을 보고는 "그대 앞에 있는 모든 사람은 그대의 제자다. 자세히 보아라. 모두 마음의 장애다. 왜 저렇게 장애가 되었는지 아는가? 스승은 설법만 잘하면 되는 것이 아니고 실제로 행함이 있어야 하는 것이다. 그대는 제자들에게 입으로 설법하는 것만 가르쳤지 설법에 맞는 행을 가르치지 않았기 때문에 모든 제자가 저렇게 장애가 된 것이다. 그대는 이 모든 사람을 건사하라!"라고 하신다.

물질과 형상에 현혹되어 자기 아상에 빠진 염불승처럼 사람은 물질과 형상에 눈이 어두워져 자신이 할 일조차 잊어버리는 그런 일은 없어야 할 것이다. 실천해보지 않는 학문을 가르치는 스승은 제자들에게 독을 전하는 것과 같고 그 독은 결국 제자를 장애로 만들고 그 제자 또한 스승의 상을 똑바로 세우지 못한다는 것이다.

사람은 사람의 행을 하고
인간은 생명의 진실을 찾고
배움의 도(道)는 스승의 상(象)으로 길을 가고
인생의 참다움은 행으로 얻는다.

산불: 존재의 실상, 실상을 이루는 실제의 상
시분향: 생명의 실상 속에서 행하고 가는 것

호호백발의 할머니가 앞서 산길을 가고 있다. 스님은 앞서가던 할머니와 한참 동행을 하다가 잠시 휴식을 취한다. 그 할머니는 짚고 다니던 지팡이는 땅바닥에 놓고 쉬면서도 왼손에 들고 있던 조그만 흰 보따리는 놓지 않고 그대로 꼬옥 쥐고 있다. 스님은 할머니가 들고 있는 흰 보따리가 궁금했다.

"보살님! 그 보따리에는 무엇이 들어 있기에 그렇게 손에서 놓지 않고 꼬옥 쥐고 계십니까?"

"이 속에는 백미 한 홉과 이제까지 살아오면서 귀동냥한 부처님의 경전과 또 스님들의 법문이 들어 있습니다."

"그런데 무엇 때문에 그렇게 소중하게 들고 계시는지요? 쉬시는 동안이라도 좀 편하게 보따리를 놓고 쉬세요."

"내가 칠순을 넘기고 팔순이 되도록 이 세상을 살면서 이제까지 해놓은 것이 없어서 이것마저 놓아버리면 안 되겠다 싶어 들고 있는 겁니다."

"팔순이나 살아오셨으면서 해놓은 것이 없다니 그럴 리가 있나요? 그런데 그것을 갖고 다니는 이유가 무엇인지요?"

"백미라는 청정한 쌀을 먹었으면 육신을 깨끗하게 지켜야 할 것 같고, 이제까지 살아오면서 간혹 들었던 부처님의 경(經)은 세상 이치와 진리를 가르쳐준 것 같고, 또 스님의 법문은 이 세상에서 살아가고 있는 가까운 인연에게 또 고통받는 인연들에게 들려주면 힘을 주는 청량제가 될 것 같아 그래서 이것마저 놓아버린다면 내가 이 세상에서 살아가는 의미가 없을 것 같기에 이렇게 들고 다니는 것입니다."

"보살님! 그것 좀 볼 수 있습니까?"

그 보살은 꽁꽁 묶어놓은 그 보따리를 천천히 풀어 헤쳐 보여준다. 스님은 한 줌의 쌀과 낡은 경전들과 스님들의 법문을 적어 놓은 종이들을 훑어보다가 흰 보자기의 밑바닥에 '백선경' 이라고 적혀 있는 것을 보고 화들짝 놀랐다.

"보살님! 이 말이 무슨 뜻입니까?"

"조금 전에 말씀을 드렸잖아요."

스님은 곰곰이 생각하기 시작했다. 팔십 년 동안 해놓은 것이 없다는 것은 아닐 것이다. 그동안 살아오면서 아픈 사람에게는 약불이 되고 어리석은 사람에게는 문수보살이 되고 길 잃은 사람에게는 보현보살이 되고 고통받는 사람에게는 지장보살의 피력을 닿게 하고......, 관세음보살은 천수천안이라 하는데 이 세상 모든 사람은 이런저런 고통에서 벗어나게 하려면 천 개의 눈 만 개의 손이라도 모자라겠지. 아! 이 보살님이 헛살아온 것이 아니고 한평생 보살행을 실천하신 진실로 살아있는 보살이구나 하는 생각에 미치자 조용히 일어나서 합장한다.

"대자대비하신 관세음보살님! 너무나 고맙습니다. 이렇게 나투셔서 저를 이끌어주시니 너무나 감격할 뿐입니다."

할머니는 빙그레 웃으시면서 되물었다.

"그것이 무슨 뜻이요?"

"소승은 이제까지 경전을 읽고 배운 대로 행(行)을 한다고 했습니다만 그냥 그러려니 했습니다. 그러나 그런 막연한 생각에 잡혀 한 행은 깊이가 없다는 것을 지금 느꼈습니다."

그리고 고개를 든 순간 보살님은 홀연히 사라지고 없었다.

한평생을 청정하게 수행과 정진 속에 살아가는 스님도 미처 깨닫지 못한 것을 관음보살(할머니)이 나투하시어 한순간 짧은 가르침으로 한 세를 느끼고 한 세를 배우고 또 한 세를 가르치는 진리가 '백선경'이다.

詩 회향 回向 / 원종

불성(佛性)이란
씨앗 하나 들고 왔다
갖고 온 사실조차 잊었지만

바라는 눈, 귀 따라 헤매다가 찔린
가시덤불 걷어차고 멈춰 서서
바람에 다시 흔들린다

덮인 눈 녹이느라 흥건히 젖은 옷
속으로 비치는 빈 그릇
허기지고 지쳐 더 가누기 어렵다

숨어 울며 봄을 기다리는 애간장
삭이다가 녹이다가
막 움트는 눈

먼 산 위 저녁노을도 쓰러지고
캄캄한 바다, 햇살 머금은
은빛 언어를 길어 올린다

단주와 단

한 젊은이가 입산하여 공부해야겠다는 얘기를 자주 하곤 했다. 그 얘기를 들은 주위의 많은 사람이 말했다.

"자네가 공부를 많이 해서 큰 스승이 되면 세상이 많이 바뀔 걸세!"

그러나 실제로는 격려하는 것이 아니라 돌아서서 속으로

"네 놈이 공부를 한다고?" 하며 비아냥거리는 말투다.

젊은이는 깊은 산중으로 들어갔다. 입구에서 작달막하고 나이가 많아 보이는 스님과 만났다.

"여보게! 젊은이 어딜 가는 겐가?"

"예! 공부하려고 들어오는 길입니다."

"젊은이!

길자는 법을 깨닫고 수자는 실천을 깨달아야 하네."

젊은이는 공부하려고 들어오는 길인데 스님의 말씀이 무슨 의미인지도 모르고 자기를 격려해 주는 것으로만 들렸다. 내가 공부를 하면 무엇이 되긴 될 모양이구나 하는 생각이 들어 마음이 한결 가벼워졌다.

산으로 올라가는 젊은이에게 또다시 스님이 당부의 말씀을 하신다.

"자네가 지금 이 길로 올라가면서 '단주'란 말을 잊어버리면 안 되네! 꼭 잊지 말라!"

"스님! '단주'라는 말의 뜻을 모르겠으니 좀 가르쳐주십시오!"

"바깥에서 사람됨이 갖추어져서 공부하려는 마음이 있었고 또 공부하고자 실제로 이 산중에 들어왔으니 '단주'라는 말을 잊지 말게나!"

젊은이는 스님의 말씀이 한편으로 이해는 가지만 '단주'라는 말의 뜻을 명확히 이해하지 못했다. 또 재차 묻기도 송구하여 어떻게 할까 망설여진다.

스님의 당부대로 단주라는 말을 잊지 않으려고 애를 썼다. 한 계단 오르면서 '단주' 두 계단 오르면서 '단주' '단주' '단주' '단주'……, 하면서 계속 올라갔다.

어느 순간 그렇게도 되새기던 단주라는 말을 놓쳐버리고 말았다.

무슨 말이었더라? 하고 아무리 곰곰이 생각해 보고 또 생각해 보지만 도저히 찾을 수 없었다.

젊은이는 산속으로 들어오면서 만났던 스님의 얼굴을 떠올리고 키가 작았다는 사실을 알고는 아하 '단'이라는 말은 겨우 기억해 냈으나 단 · 단 · 단……, 그 뒤의 말은 도무지 생각이 나지 않는다. 젊은이는 할 수 없이 단 · 단 · 단……,하면서 계속 올라갔다. 한참을 올라가고 있는데 누가 자신을 부르는 것 같은 소리가 들렸다.

"여보게! 단주!"

깜짝 놀라 뒤돌아보니 웃고 있는 얼굴은 분명히 산 입구에서 만났던 그 스님의 얼굴이었건만 키가 얼마나 커졌는지 발은 산 밑에 있고 얼굴은 산꼭대기에 있는 것 같았다.

"스님! 어떻게 키가 갑자기 그렇게 커졌습니까?"

"자네가 지금까지 몇 계단이나 올라왔는지 아는가?"

'단주'라고 하면서 올라온 계단이 몇 개인지 '단'이라고 하며 올라온 것이 몇 개인지 도무지 알 수 없었다.

"자네가 올라가면서 놓친 것을 모아 내 발밑에 놓으니까 내 키가 이렇게 커졌다네!"라고 하시며 빙그레 웃고 계신다.

'단주'와 '단'이란 중생심을 버리고 일념으로 정진하라는 뜻이다.

여기서 끊임없이 지켜보고 깨우칠 때까지 거듭거듭 가르치는 스승의 상을 느낄 수 있다. 스승의 상(象)은 형상에 있는 것이 아니라 실천하는 지혜에 있다는 것을 알아야 한다.

호작타와 수작타

'호작타'는 동쪽을 가도 그 이름을 모르는 사람이 없고 서쪽에도 남쪽에도 북쪽에도 그의 이름을 모르는 사람이 없다. 어느 날 여러 사람이 모여 있는 연회석상에서 사람들마다 '호작타'를 칭찬하고 부러워했다.

그러자 한 사람이 조용히 일어나 말을 한다.

"믿음과 향이 있는 사람은 형상은 몰라보더라도 그의 사람됨을 알고 싶다면 '수작타'를 알아야 한다."

이 말을 들은 '호작타'가 벌떡 일어나서 방금 말한 사람의 따귀를 철썩 때리면서

"이 세상에 나보다 더 잘난 사람이 어디 있어!"하고 '수작타'를 쳐다보며 아주 업신여기며 말한다.

아주 초라한 모습으로 한쪽 구석에 앉아 있던 '수작타'가 일어나서 말한다.

"나는 '호작타' 당신에게 고맙다는 말을 하고자 합니다. 이제까지 나는 당신을 나의 경쟁자로 생각했기 때문에 오늘의 내가 있었소! 지금의 내가 있기까지는 당신이 나의 스승이었소!"

그러자 '호작타'는 자신의 잘못을 뉘우치며 부끄러운 얼굴을 한다. '수작타'는 '호작타'를 스승으로 생각했다는 그 말로 '호작타'를 다시 가르치는 것이다.

호작타: 세상에 자신의 이름을 내놓기를 좋아하는 사람

수작타: 세상을 가르치는 사람

은산약

어느날 부처님께서 설법을 하신다.

'은산약'이란 법이 있다. '은산약'이란 발과 발목이 없는 것을 말한다.

"저기 저 발목이 없는 사람을 아느냐?"

아무도 대답하는 사람이 없다.

"저 없어진 다리가 지옥의 강을 건널 수 있는 다리를 건설해 주었다. 그 다리를 건설하다가 발이 닳고 발목까지 닳아 그래서 발목이 없는 분이다."

그러나 아무도 믿지 않는 눈치다.

"누가 이 사람의 살아온 세월을 재현할 수 있겠느냐?"

또 누구 한 사람도 대답이 없다. 건장한 체격을 가진 한 수자를 지목해서 "네가 가서 재현하고 오라"고 하신다.

그래서 이 수자는 이 세상의 가난한 가정에 태어나서 온갖 어려움을 극복하면서 자란다. 수자는 초등과정을 힘들게 간신히 마쳤지만, 동생들의 학업까지 책임져야 했다. 배우면서 일하고 일하면서 배우고 잠시도 숨 돌릴 여유조차 없었다. 동생들이 학업을 마칠 즈음 다니던 직장을 그만두고 자신이 이제껏 배우고 느낀 것을 토대로 새로운 일을 찾아 나선다. 다른 사람들이 하지 않는 일을 하다 보니 일이 막히면 누구한테 물어볼 사람도 없다. 모든 일을 혼자 힘으로 해결하다 보니 밤도 없고 낮도 없다. 나는 왜 이렇게 살아야 하나? 라고 자책할 시간도 없고 신세타령할 시간도 없고 눈물을 흘릴 시간조차 없다.

오로지 자신의 할 일에만 정신을 모으다 보니 가족 또한 생각할 겨를도 없다. 워낙 자신의 일에 몰두하니 가족들 또한 그를 원망하지도 못한다. 기계에 손가락도 잘리고 발가락도 잘리고 했을 때는 가족은 원망이 아니라 도리어 말도 하지 못하고 속만 까맣게 태운다. 그러면서도 미친 듯이 일만 하니 그저 바라만 볼 뿐이다. 수자는 한평생을 바쳐 마침내 새로운 것을 완성한다.

"세상을 보았느냐"라는 여래의 말씀에 깜짝 놀라

"예. 지옥의 다리를 보았습니다."

"우주법계의 실상을 밝히고 가는 사람이 있다. 세상을 보고 세상을 가르치는 것에 육신을 다 바쳤음에도 여기 앉은 수많은 사람 중에 그걸 아는 사람이 아무도 없다. 실상을 증명한 저 수자보다 내가 더 나을 것이 없노라!"라고 말씀하신다.

인간의 상(象)은 가르침보다 실제 증명하는 것이 더 위대한 것이다.

지식은 학문을 밝혀주는 것에 불과하지만 증명은 지식보다 훨씬 상위에 있다. 학문은 스쳐 갈 수 있지만, 증명은 재현하는 것이다. 증명은 눈으로 보여주기 때문에 더욱 위대한 것이다.

은산약: 불을 켤 수 있는 기름을 만드는 것
즉 세상을 한 단계 발전시키는 것을 말한다.

화현목과 시현목

화려한 옷을 입고 지나가는 사람의 모습을 보고 모든 사람이 아름답고 훌륭하다고 한다. 그러나 세월이 지나 그 사람이 그곳에 다시 가니 사람들은 그 사람을 기억하지 못한다. 단지 형상의 얼굴만 보고서는 많이 고생했다거나 늙었네 하며 세월의 무상함만 얘기한다.

인간의 상(象)은 누구나 한순간 아름다운 시절이 있다. 그러나 모든 것은 세월 따라 변천한다. 그 모습을 보고 '화현목'과 '시현목'을 알 수 있다.

'화현목'이란 어릴 때의 아름다운 모습뿐 아니라 세월이 흘렀어도 노력하고 실천하여 그 상(象)이 훌륭하게 변한 모습을 말한다.

'시현목'은 어릴 때 아름다운 그 순간의 모습을 말하며 처음 보는 사람은 얼굴의 상(象)이 말을 한다.

사람은 누구나 한번은 젊음을 가진다.
그 젊음을 보고 아름답다고 한다. 한때 젊은 시절의 상은 세월이 지나 상이 바뀌고 훌륭한 얼굴로 세월을 맞이하게 된다. 더불어 세상을 위한 노력과 실천한 사람은 그 모습이 젊을 때보다 오히려 더 거룩해 보이는 것을 '화현목'이라 한다.

'화현목'이란 세상의 모든 스승이 걸어가야 할 길이다.

백운목반과 웅비약산

어느 마을의 한 집에는 부처의 씨앗이 살아가고 또 한집에는 중생이 살아가고 있다. 이 두 생명의 살아가는 실상을 두고 '백운목반'과 '웅비약산'이라 한다.

아주 큰 부잣집에 아주 호화로운 삶의 터전에 한 생명의 씨앗을 주었다. 그러자 부잣집에서 귀한 생명을 받았다고 이 고을 저 고을의 손님을 초대하여 잔치를 벌여놓고 말을 한다.

"우리 집에 귀한 생명이 태어났으니 이 애기가 수명이 아주 길고 복을 많이 받도록 해 달라."

그 집이 아주 큰 부잣집이라 찾아간 손님들은 그 집에 태어난 생명의 거룩한 실상을 축복하기보다는 단지 그 부잣집의 맛있는 음식을 얻어먹기 위해 한 끼 식사를 해결하기 위해 가서는 지나가는 말을 한다.

"이 집에 새 생명의 탄생을 축하합니다!"

모두 이렇게 입으로만 축복해주는데도 갓 태어난 생명의 부모들은 아주 흡족해 한다. 부모는 그런 말을 듣고는 곳간에 있는 모든 음식을 내놓도록 하여 그 사람들을 대접한다. 저녁때가 다 되어 한 노파가 남루한 옷을 입고 쪽박을 차고 거지 옷차림으로 들어서면서 말을 한다.

"이 집에 경사가 있어서 큰 잔치를 벌인다기에 지나가는 나그네가 한술 얻어먹고자 들렀나이다!"

그때 마루에서 지켜보던 그 집 마님이

"여보게! 여보게! 저기 거지 노파가 왔구나! 먹다가 남은 음식이 있거들랑 갖다주게나!"라고 한다.

노파는 그 소리를 듣고서 고마움의 답례를 한다. 그러나 음식을 갖고 오는 사람의 태도에는 공손함이란 하나도 없다. 이렇게 좋고 거룩한 날에 거지가 와서 찬물을 끼얹는다고 하는 생각에 공손하기는커녕 무례하기 짝이 없다. 노파는 그 잔치 집에서 나와 다른 집으로 갔다.

웃음소리가 들려오는 집으로 남루한 옷을 입은 거지가 들어선다. 마침 이 집에도 아기가 태어났다. 태어난 지 칠 일 되는 아기 어머니가 더러운 옷을 입고 들어선 노파를 보고는 말을 한다.

"우리 집에 찾아온 저 거룩한 성상(聖像)의 모습은 곳곳마다 사람됨을 모두 보고 배웠다. 또 곳곳마다 사람의 살아가는 이치를 다 느끼고 배운 당신의 거룩한 지혜와 당신이 걸었던 자취를 한 칠 된 우리 아기에게 심어주고 가시옵소서!"

이 말을 들은 노인은 너무나 거룩하고 황송한 생각이 든다. 이 세상에 태어나서 이런 말을 처음 들어보니 자기도 모르게 고개를 숙이며 무릎을 꿇으면서

"나는 오늘 사람됨을 여기서 배우게 되었습니다. 이 늙은이의 육신이 한 세상 살아오면서 사람대접을 받지 못했으나 오늘 이 집에 들어서니 사람대접을 받았습니다. 나는 팔순이 넘도록 살면서 하루도 거르지 않고 수백 리를 걸었고 수많은 집을 방문하여 배고픈 줄 모르고 살았고 또 남들이 느끼지 못한 모든 사람의 사람됨의 마음을 나는 듣고 보고 받았습니다. 오늘 나의 구질구질한 이 형상은 내가 가져가고 내

자신이 이 세상에 와서 보고 느낀 모든 것을 당신의 자식에게 전하고 가겠소."라고 한다.

이 말을 듣고 문득 느낀 바가 있어 눈을 떠보니 그 노파는 흔적도 없이 사라지고 없다. 노인을 맞이했던 아낙네는 노인을 찾아보지만 찾지 못하고 아기가 있는 방에 들어서니 아기가 방실방실 웃으면서 두 손을 모으고는 말을 한다.

"나의 이 작은 육신이 생명의 완성을 받아 이 세상에 와서 보니 거룩한 아버지와 어머니의 모든 것을 누운 자리에서 다 배우고 받았습니다. 이제 나의 발이 걸음을 뗄 때는 이 세상 곳곳마다 사람됨을 다 찾고 가리라!"

그 말을 들은 아버지와 어머니는 깜짝 놀랐다.

가난한 가정에 어려운 가정에 태어나니 그 가정에서는 지혜를 주고 사람됨을 배웠다. 이 가정을 위해 또 이 세상을 위해 생명의 본질을 이 세상에 분명코 심어주고 가는 것이 '웅비약산'법이다.

큰 고래 등 같은 집에서 대청마루에 앉아

"그 노인에게 남은 음식이 있거들랑 이래저래 차려 드려라!"라는 말을 하지 않고 공손하게 드렸으면 얼마나 좋았으랴! 정성을 다해 걸인을 대접하면 그만인 것을 남은 것 있거들랑 차려드려라! 이렇게 하니까 그 자식이 '백운목반'이 되는 것이다.

이 생명을 위해 그렇게 거룩하고 훌륭한 집에 태어나게 해 주었는데도 불구하고 이 집의 부모는 새 생명에게 도리어 자신들의 업장을 짊어지게 한다. 그 업장도 조금 주는 것이 아니라 수레로 끌어다가 주니 얼마나 서글픈 일인가?

그러면 그 부모가 자신들의 업장을 왜 후세에게 주는 걸까?

생명이 태어날 때는 맑고 청정하고 제일 깨끗한 상태로 이 세상에 보낸다. 이것을 '백운액'이라고 한다. 그런데 왜 부모가 이 깨끗한 생명에게 구름을 주고 비를 주는가? 이것이 '백운목반' 법이다.

어려운 가정에 태어났음에도 헐벗고 배고픔을 안겨 주었음에도 불구하고 사람됨을 갖추고 살아가는 것이 '웅비약산' 법이다.

詩 님 / 원종

긴 외로움의 벼랑 끝자락에
언제나 서 있는
한 발 더 다가설 수도 없고

님을 향한 싹을 애써 짓밟고
틀어막고 짓뭉개도 다시
슬며시 배어나는 샘물처럼
참 얄밉다

닳아빠진 애달픈 마음에도
보고 싶다고 몸서리친다 문풍지처럼

들킬 새라 변하지 않고
보일 듯 눈물만 글썽거리는 바위처럼 내내
기다림은 님을 애타게 부르는 소리 없는 연가(戀歌)다

한 노인이 일찍 자신을 깨달았다. 칠순을 살아오는 동안 남을 위해 받들어주는 마음과 선행을 베풀며 살았다. 누구든지 그의 훌륭함을 알 만큼 열심히 살았다.

어느 날 자신이 얼마만큼 바르게 살았는가를 보기 위해 또 그 빛이 어디까지 가는지 확인하기 위해 방안에서 초 일곱 자루를 두고 불을 밝혀본다. 이것을 '수량백등호'라 한다.

촛불은 방안을 다 밝히지 못하고 또한 촛대 밑도 그늘에 가려 어둠을 전부 밝히지 못한다. 그래도 자신은 나름대로 열심히 바르게 살았건만 자기 앞도 밝히지 못하는 빛이라 생각하니 허탈하다. 그가 낙심하는 모습을 보고 여래께서 말씀하신다.

"칠순을 살아오면서 가꾸어온 그대의 행이 어느새 빛이 되고 등(燈)이 되어 다른 사람을 밝혀주었다. 다만 그대 앞이 어두운 것 이것이 자연의 이치이고 '양호화등호'이니라."

"다른 사람을 밝힌 그 빛이 그대도 모르게 하늘의 빛이 되어 소리 없이 그대를 대낮같이 밝혀주지 않았느냐? 이것이 '천량백등호'라고 한다."

굳이 내가 지은 공덕과 행을 알려 하지 말고 남을 위해 세상을 위해 좋은 일을 하면 그 자체가 빛이 되어 하늘의 빛과 더불어 나를 밝히게 되는 것이다.

금바

법계의 어느 아름다운 산속에 커다란 사찰이 하나 있었다. 여러 사람이 수행하는 아주 큰 방에는 많은 사람이 모여 있다. 방금 시방삼세를 돌아온 사람에게 스승이 묻는다.

"자네가 저세상에서 수행하면서 외롭고 서글퍼질 때가 있었는가?"

"예! 저세상에서 나이 칠순이 넘어 뒷방에 있을 때가 가장 외롭고 서글펐습니다. 나이 칠순이 넘으면서 뒤쪽으로 밀려날 때는 참으로 서글펐습니다. 그 외는 그런 적이 없었습니다."

"자네의 스승이 누군가?"

"'금바'라는 큰 스님이 저의 스승이었습니다."

"그 사람을 지금 보면 얼굴을 알 수 있겠는가?"

"예 알아볼 수 있습니다."

"자네 스승의 가르침이 무엇이었는가?"

대답이 없다.

"금바라는 스승의 가르침이 '모든 것을 떨쳐 버려라!' 하는 것이 아니었던가? 자네는 왜 스승의 가르침을 제대로 이해하지 못했는가? 자네가 늙었을 때를 생각하여 준비한 조그만 사찰을 가졌던 것이 자네가 뒷방으로 물러앉게 된 것이네!

자네 앞에 있는 내가 바로 '금바'일세!"

'금바'라는 스승의 이름이 곧 가르침이고 그 뜻은 모든 욕심을 끊어 버려라! 라는 뜻이다.

그 제자 스님은 시방세에서 수행을 잘하다가 노후를 미리 대비한 그 마음의 욕심 때문에 뒷전으로 밀려 외로움 속에 살았던 것이다. 다음 세에서도 이렇게 끊임없이 가르치는 스승의 상(象)을 기억해야 할 것이다.

로고제와 시고제

사리동자가 부처님께 아뢰기를

"부처님! 큰일 났습니다. 큰 산을 넘어가야 하는데 사람들이 서로 먼저 올라가려고 밀치고 발목을 잡아끌어 내리고 해서 아무도 산을 넘는 사람이 없습니다!"

"그러는 너는 산을 넘어 보았느냐?"

"예!"

"너는 어찌 그 산을 넘었느냐?"

"저는 싸우지 않고 빈틈을 헤치며 정상까지 오르게 되었습니다."

"그러면 싸우지 않고 어떻게 올라갈 수 있도록 가르쳐 주어야 하지 않겠느냐?"라고 하신다.

"'로고제'는 제일 앞장서서 가시덤불을 헤쳐 가며 어려운 길을 스스로 헤쳐나가야 하는 길이고 '시고제'는 '로고제'가 개척해 놓은 길을 뒤 따라가면 된다고 가르쳐주어라!"

그러고 나니 모두가 '시고제'의 길을 택한다. 그러자 부처님께서는

"서로 먼저 가려고 잡아끌어 내린 죄로 네가 앞장을 서 보아라!"라고 하시며 한 '시고제'를 '로고제'로 앞장을 서게 한다.

그 '로고제'는 어렵고 어려운 길을 앞장서서 온갖 아픔과 눈물로써 가야 한다.

그리고 처음 '로고제'의 길을 택한 사람을 보고 너는 뒤에서 오는 모든 사람의 길을 밝혀주고 천천히 뒤따라오라고 하신다. 뒤따라가는 처음의 그 '로고제'는 남이 다 오르고 난 후에 오르니 어느새 대로가 되어 편안하게 모두를 밝혀주고 올라갈 수 있는 것이다.

유념주와 수안경

어떤 젊은이가 길을 가고 있는데 한쪽에 많은 사람이 모여 있다.

무슨 일인가 궁금하여 가까이 가보니 '사주 · 관상 봅니다!'라는 작은 팻말이 있다. 뒤에 서서 들어보니 세상에서 제일 잘 보는 사주, 관상가라며 사람들이 보려 해도 복채가 너무 비싸 못 본다고 한다.

젊은이는 자신의 왼쪽 주머니에 있는 돈을 몽땅 끄집어내어 그 사람 앞에 내놓으며

"이것이면 되겠소?"

그러나 그 사람은 젊은이의 얼굴을 힐끗 쳐다보더니 말한다.

"당신 관상을 보니 너무 좋기 때문에 이 돈으론 부족하고 오른쪽 주머니에 있는 돈도 몽땅 줘야 될 것 같소!"

젊은이는 속으로 깜짝 놀랐다. 왼쪽 주머니에 있는 돈만 하더라도 이삼 년은 넉넉히 살아갈 수 있기에 복채로는 굉장한 돈이다. 이것을 받고도 놀라지 않고 도리어 오른쪽 주머니에 있는 돈마저 몽땅 내놓으라니 '이 어른이 정말 잘 알긴 아는구나!'라고 생각되었다.

오른쪽 주머니에는 엄청난 돈이 있었다. 그 돈은 평생을 먹고 살아갈 돈이다. 아마도 그것을 받고 몇 곱절 더 챙겨 줄 모양이구나 하는 생각이 미치자 주머니에 있는 돈을 얼른 내놓았다.

"이 어리석은 사람아!"

그 사주, 관상가는 한탄하면서 정색으로 말한다.

"자네는 이 말을 명심해야 세상을 잘 살아갈 것이네! 세상을 살아

갈려거든 세상이 바라는 상이 되고 세상이 바라는 행을 실천하라! 자네가 살아가기 위해서도 육신을 지키기 위해서라도 그 돈은 필요하다. 다시는 이런 어리석은 짓 하지 마라!"

이 말과 함께 돈을 돌려준다.

'유염주'는 돈을 돌려주는 것을 말하고

'수안경'이란 나태한 정신을 일깨워 주는 위의 설법을 말한다.

어리석은 제자를 위하여 스승이 나투셔서 한 번 더 가르치는 스승의 상을 얘기한다.

소자와 호자

세상이 좋아 한 사람이 길을 나서니 어떤 사람이 "어딜 가시오?" 라고 묻는다.

"세상 구경을 나섭니다."

"그런데 당신은 누구시오?"

"세상에 빛을 구하러 왔소!"

"그러면 우리 동행하자!"라고 한다.

처음에는 서로 의지하다가 세상 구경을 나선 사람은 상대가 길을 조금 앞질러 가니 손해 보는 것 같다고 생각한다.

"여보게! 우린 인연이 아닌가 보다!"라고 한다.

"이렇게 만난 것도 인연이지 인연 아닌 것이 어디 있는가?

님은 어찌 생각이 그 자리에 있는가?

네가 길을 안다고 하지만 너는 사실 길을 모르고 있구나! 그러면 내가 안내하는 길을 따라오면 좋으련만 모르는 사람이 절대 모른다고 하지 않네."

세상을 알고 나선 사람은 마음으로 세상을 느끼게 된다.

'호자'는 길을 모르는 사람이므로 '소자'가 길을 안내하라!

호자: 자신의 할 일을 모르는 사람

소자: 세상을 밝혀가는 사람, 스승, 제도자, 구도자

부처님의 법문을 들은 한 수보리가 이 세상에 가서 승려 생활을 잘 하여 사람다움을 가르쳐서 이끌고 오겠다고 부처님 전에 약속했다.

그 수보리가 육신을 받아 시방세에 왔다. 돈도 명예도 있는 가정에 육신 받아 태어나자 부모는 불공덕을 많이 쌓아 이 자식을 얻었다며 기쁜 마음으로 키웠다.

나이 스물이 되자 결혼을 하게 되고 몇 년 후 자식이 태어났다. 그런데 이 아기는 태어나서 세 살이 되도록 오른손 주먹을 굳게 쥐고 펴지 않는 것이다.

그래서 왜 이런가 하고 누군가 손가락을 펴보려고 하면 아기는 무엇이 찌른 것처럼 울면서 쉬이 울음을 그치지 않고 젖을 먹으면서도 운다. 부모들은 어찌할 줄 모른다.

몇 날을 울던 아기는 어느 순간 울음을 뚝 그치고는 방실방실 웃고 있었다. 얼마 동안 울지 않더니만 또다시 울었다.

어느 순간에 울음을 그치고 웃는 모습을 보고 어머니는 바깥으로 나왔다. 혹시 무슨 색다른 일이라도 있나 하고 살펴보았지만 찾을 수 없었다.

마침 바람이 부는 어느 날 종소리가 은은하게 묻어 나오는 것을 들었다. 아스라이 들렸다 들리지 않았다 했다. 그 종소리가 더는 들리지 않는다고 느낀 순간 방안의 아기는 다시 울기 시작했다.

이튿날 날이 밝자 어머니는 아기를 업고 종소리가 나는 곳을 찾아 갔다. 사찰에 도착하니 아기는 울음을 그치고 다시 웃기 시작한다. 어머니는 부처님 전에 백팔 배를 하면서 긴 기도 끝에 부처님을 쳐다보니 감고 계시던 눈을 번쩍 뜨시는 것 같았다. 혹시 하는 마음으로 어머니는 아기의 손을 펴보자 손바닥을 활짝 펴는 것이 아닌가!

그 손바닥 안에는 '다전목각'이란 글이 적혀 있었다. 그 글을 보고 옆에 있던 노승이 말한다.

"당신은 전생에 불공덕을 많이 쌓았던 사람이건만 자식이 먼저 불법(佛法)에 들어왔군요!"

자식의 손에 쓰인 '다전목각'이란 글을 보고 부모는 다시 깨닫게 되고 불법의 오묘한 이치를 자식을 통해 다시 알게 된다.

노승은 기쁜 얼굴로 말을 한다.

"내가 궂은 날 맑은 날 다 겪어오면서도 부처님의 진실한 가르침을 몰랐었소. 그대가 오늘 여기 와서 나는 부처님의 깨달음을 다시 얻었소. 부처님의 경전만 공부하다가 두 모자(母子)로 인해 실상을 보고 다시금 진실한 부처님의 깨달음을 알게 되었소. 아마도 이 동자(童子)가 필시 전생의 나의 스승이었을 것이요. 왜냐하면 내 앞에서 부모가 이 세상에 온 목적을 알게 해 주는 걸 보니까."

노승이 말을 마치자마자 세 살 동자는

"스님이여! 백세는 시작과 끝이 하나이므로 머리의 백발이 한 세를 지켜온 빛이 '각'이고 스승의 가르침을 지키고 살아온 것이 '목'이다. 제도의 길을 이끌어주고 또 꿋꿋이 세월을 지켜준 것이 바로 완성이오!"라고 한다.

그 노승은 스승을 만나기 위해 백발이 되도록 기다린 것이다.

완성된 생명은 어디를 가도 살아있고 가르침의 법은 이승이나 저승이나 다를 바 없다. 부처님 전에 시방삼세를 돌고 오겠다고 맹세한 수보리가 잊고 있었던 사실을 그의 자식이 깨우쳐 준 것이다.

오늘이 시작이면 내일도 내내 시작이다. 어렵고 힘들더라도 '나'하나 깨달으면 수백 사람을 이끌어주고 가는 것이 "다전목각"의 뜻이다.

詩 마음 / 원종

삶의 아픈 흔적이 쌓인다
지워지지 않는 나이테처럼
세상이 주는 선물이다

채워진 아픔을 달인다. 용광로처럼
서글픈 애물은 향이 피어오르고
달여진 침묵(沈默)이 법고(法鼓)가 되고

들여다보면 덧없는 삶에도 의미는 있는 것
행간(行間)에 숨은 뜻처럼
영글어진 묵언(默言)엔 묘법(妙法)이 꿈틀거린다

기다리던 목탁을 들고
아득한 세상 속으로
아픔을 모르는 마중물처럼 다시 걸어가고 있다

법고(法鼓): (불교) 작은 북소리
행간(行間): 글의 줄과 줄 사이, 또는 행과 행 사이
묘법(妙法): 신기하고 묘한 법문
마중물: 펌프에서 물이 안 나올 때 물을 이끌어 내기 위해 붓는 물

2.
공존 共存 의 세상

· 소금 장수와 비단 장수

· 시연백화

· 詩 토굴(土窟)

2.
공존共存의 세상

어느 시대 어느 국가든지 사람이 살아가는 세상에는 갈등(葛藤)이 존재하기 마련이다. 이 갈등이 표출(表出)되는 세상은 공존의 세상이 아니라는 반증(反證)이기도 하다.

역사를 불과 150년 전만 거슬러 올라가 봐도 많은 갈등이 있음을 알 수 있다. 당시 갈등의 원인을 크게 나누어 보면 양반(兩班)과 상민(常民) 대지주와 소작인 주인과 머슴 등으로 나눌 수 있다.

이를 주축으로 현재의 갈등과 비교를 해보면 대략 다음과 같다.

첫째 양반과 상민은 현대에서는 힘(권력)있는 사람과 힘없는 사람, 돈(재물)있는 사람과 돈 없는 사람, 또 배운(명예) 사람과 못 배운 사람이다.

둘째 대지주와 소작인은 대기업과 중소 하청업체이다.

셋째 주인과 머슴은 사주와 노동자로 대별 할 수 있을 것이다.

이 밖에도 최근에는 이념, 계층, 세대(世代), 지역, 종교, 빈부, 산업 등 많은 갈등이 있다. 이런 갈등 중에 일부는 옛날에도 존재하였고 또 다양한 사회가 될수록 더 많은 갈등이 야기되는 것을 알 수 있다.

위 갈등의 양상(樣相)을 보면 대립의 원인은 누구나 쉽게 짐작할 것이다. 그러나 그 해결책은 천편일률(千篇一律)적으로 힘에 의한 갈등의 강제적인 봉합(封合)이란 생각을 떨쳐낼 수 없다. 이런 처방(處方)만으로는 진정한 공존의 세상이 구현(具現)되리라는 생각에 얼른 수긍이 가지 않는다.

경주에 최 부자 집이 있다. 12대(代)까지 만석꾼으로 내려온 가문이다. 거의 조선 왕조와 같은 약400년 동안 한 가문이 부(富)를 계속 유지해 왔다는 건 이 세상에서 아마 전무후무(前無後無)할 것이다. 이 집안에 육훈(六訓)이라 하는 가훈(家訓)이 있다. 그중에 이런 말이 있다.

"사방 백리 안에 굶어 죽는 사람이 없게 하라!"

최 부자집은 이 가훈을 실천하고자 실제로 '활인당'을 만들어 이곳에서 죽을 끓여 굶주리는 사람들을 구했다고 한다. 그리고 이 가문에서 그 때에도 물건을 담보하고 돈을 빌려주었던 모양이다. 그렇게 남은 담보물의 목록 문서를 어느 후대가 모두 태워 버렸다고 한다.

그는 문서를 태우며 "돈 갚을 사람은 문서가 없어도 갚고 안 갚을 사람은 문서가 있어도 갚지 않는다."라고 말했다고 한다.

양반이고 대지주이며 주인인 사람이 상민 소작인 머슴을 떠나 세상의 사람들을 상대로 풍년의 기쁨을 함께하고 흉년의 아픔을 함께 나누었던 것이다. 정신세계와 물질이 함께 하는 이런 베풂이야말로 위대한 스승의 삶이요 근본적인 갈등을 해소하는 길이다.

생명을 구제하고 방생함에 정신과 물질이 함께 하는 이런 베풂을 실천하는 삶이야말로 갈등이 없는 '공존의 세상'을 이루는 거룩한 실천상(實踐象)의 본보기라 할 것이다.

언젠가 신문 한구석에 시장바닥에서 생선을 팔아 한평생 모은 전 재산을, 또 바느질로 모은 전 재산을 사회에 헌납하신 두 분 할머니의 이야기를 본적이 있다. 이를 보고 진정 보여주는 스승이 아직 우리 사회에 많구나, 살 맛 나는 세상이구나 하고 느꼈던 적이 있다. 예나 지금이나 이런 삶의 모습들이 세상의 활력소가 되고 청량제가 된다.

모든 사람은 살아가면서 알게 모르게 이 세상에 빚을 지고 살아간다.

수많은 성현의 가르침과 또 더불어 살아가는 사람들과 하찮은 만물들조차 우리에게는 어느 하나 스승이 아닌 것이 없다. 가르침을 받았으면 받은 대로 모두 내놓고 가야 한다. 자신이 한평생 일구어 온 것도 내놓고 가야 할 진데 도리어 세상으로부터 받은 것조차 세상에 돌려주지 않는 것은 자신의 안위만 생각하기 때문이다.

또 가진 것을 제 자식에게만 물려주려 생각한다면 아무리 세월의 나이를 먹었어도 진정한 스승이라 할 수 없을 것이다. 이런 사람은 세상이 먼저 알고 존경이나 공경은 추호도 없을 것이다. 이런 생각과 모습을 보고, 세상이 부르짖는 것을 갈등이라 표현하고 싶다.

권력이 높은 사람은 힘없는 사람에게 부유한 사람은 가난한 사람에게, 학식이 많은 사람은 그렇지 못한 사람에게, 지혜가 많은 사람은 지혜가 모자라는 사람을 이끌어 주고, 힘이 되어주고, 나누어 주고 이렇게 자신에게 가장 많은 것을 내놓으면 되는 것이다. 권력이나 명예와 지식이나 재물이 많은 것은 초기에는 자신의 각고의 노력과 실천으로 이루었겠지만 체득한 지식을 제자에게 물려주는 것이 학자의 본분이듯 권력과 명예와 재물도 세상에게 돌려주어야 할 것이다. 왜냐하면 그것은 세상으로부터 받았기 때문이다.

이런 베풂의 세상 나눔의 세상이 될 때 진정한 평등과 화합의 세상이 구현될 것이다. 그것이 곧 갈등이 없는 조화로운 세상, 함께 공존하는 세상의 완성으로 가는 길이다.

누구를 막론하고 일생의 한번은 스승의 길로 접어든다. 우선 '나'부터 스승의 상을 반듯하게 세우도록 노력하고 또 공존의 세상을 실현하고 완성하고 증명하고 가는 역할이 진정 우리들의 할 일이다.

소금 장수와 비단 장수

한 마을에서 소금 장수와 비단 장수가 우연히 만났다. 소금 장수가 비단 장수에게 말을 건넨다.

"많이 팔았습니까? 얼마나 팔았소?"

"스무 필을 다 팔았습니다."

"그럼 돈도 꽤 많겠군요!"

비단 장수는 소금 장수가 묻는 말엔 대답하지 않고 그냥 지나가는 말로

"소금은 많이 팔았소?"

"그저 그랬습니다."라고 대답하는 소금 장수는 힘이 없다.

소금 장수가 소금 한 되를 팔아 봐야 몇 푼밖에 못 받지만 비단 장수는 한 필을 팔았다면 수십만 원은 족히 될 것이기 때문에 기가 죽을 수밖에 없다. 거기다가 스무 필을 모두 팔았다니 돈으로 따지면 엄청난 액수가 될 것이었다. 두 사람은 이런저런 얘기를 하다가 주막에서 같이 하룻밤을 지내게 되었다. 날이 어두워 잠자리에 들었지만, 소금 장수는 잠이 오지 않는다.

왜냐하면 팔다 남은 소금이 바깥 지게 위에 얹혀 있었기 때문에 혹시 비가 오지나 않을까 하는 걱정에서다. 하루 종일 무거운 소금가마를 짊어지고 다녔기 때문에 몸이 무척 피곤할 것인데도 불구하고 잠을 제대로 이루지 못한다.

한편 비단 장수는 소금 장수가 잠을 자지 못하자 처음에는 '왜 저러나?'라는 생각이 들었다. '소금가마를 지고 하루 종일 돌아다녔으면 엄청나게 피곤할 텐데' 하고 동정심이 들었다. 그러나 자정이 넘어서자 점차 소금 장수를 의심하기 시작했다.

'아니! 저 사람이 내가 잠들면 내 돈을 훔쳐 가려는 것이 아닐까?' 라고 생각이 들었다. 비단 장수는 이 생각에 더욱 잠을 잘 수 없었다. 새벽이 되어 소금 장수가 바깥에 나갔다 들어오더니 그때서야 잠을 깊이 제대로 자는 것 같다.

'저 양반이 밤새 내가 잠을 자지 않으니까 이제야 포기하는구나! 아니 나를 안심시키려고 일부러 깊이 잠든 척하는 것이 아닐까?' 라는 생각을 하자 비단 장수는 더욱 잠을 잘 수 없었다.

비단 장수는 밤을 꼬박 새우고 날이 밝아 오자 다시는 소금 장수를 만나지 않겠다고, 엉큼한 사람이라고 속으로 욕을 하면서 아침밥도 먹지 않고 길을 나섰다. 걸으면서 생각하니, 생각하면 할수록 억울하고 괘씸한 생각이 들었다.

몇 년이 흘러 어느 마을에서 또 우연히 두 사람은 만났다. 소금 장수는 너무나 반가웠다. 그때 인사도 하지 못하고 헤어진 것을 생각하고는 너무나 반갑게 대했다. 비단 장수도 처음엔 반가웠지만, 곧 옛날 생각이 나서 반가워할 수만은 없었다.

그때 마침 소금 장수는 비가 올 것 같아 어느 집 처마 밑에서 쉬고 있었다. 비단 장수도 비가 올 것 같은 생각을 했지만, 같이 있다가 보면 또 오늘 밤도 잠을 못 잘 것 같아 헤어졌다. 소금 장수는 비가 올 것 같으니 쉬었다 가자고 비단 장수를 만류했다. 그러나 끝내 뿌리치고 가는 비단 장수를 붙잡지 못하고 보내놓고도 걱정스러웠다.

비단 장수는 그 마을을 벗어나면서 뒤를 돌아보니 소금 장수가 보이지 않자 그제야 홀가분한 마음이 됐다. 옛날 일을 떠올리곤 혼자 피식 웃기도 하면서 혹시 따라올 것 같아 걸음을 빨리 재촉했다.

그러나 얼마 가지 못해 비가 오기 시작하더니만 갑자기 소나기가 쏟아졌다. 비단 장수는 그 동네로 돌아가지도 못하고 그렇다고 다음 동네까지는 너무나 멀기 때문에 그대로 비를 맞을 수밖에 없었다. 비를 맞으며 걸어가던 비단 장수는 등에 메고 있던 비단들을 모두 흠뻑 적시고 말았다. 소나기는 얼마 동안 내리더니 또다시 햇볕이 나기 시작했다. 마치 일부러 비단을 적시려고 한 것처럼……,

비단 장수는 커다란 냇가의 자갈밭에 젖은 비단들을 헤쳐 놓고 보니 온전한 것은 하나도 없었다. 거기다가 젖은 비단이 햇볕에 마르면서 얼룩이 진다. 비단 장수는 난감했다. '이 일을 어쩌나?' 이런 생각을 하고 있는데 소금 장수가 왔다.

"아니! 이 많은 비단이 비에 젖어 어떻게 하나?"

"소금 장수 아저씨! 내가 천벌을 받았소! 내가 정직한 당신을 의심하고 당신을 피하다가 이렇게 천벌을 받게 된 것이요!"

생각이 어두우면 어리석음에 갇혀 살고 생각이 밝으면 밝은 빛을 받게 된다.

다섯 사람의 친구가 있었다.

이들은 어릴 때부터 서로 터놓고 얘기하고 믿고 의지하며 서로에게 베풀기도 하며 함께 공부하는 사이였다.

공부를 마치고 십 년이란 세월이 흐르면서 결혼도 하게 되고 또 각자가 먹고 지낼 만큼의 재물도 갖고 있었다. 그중에서도 한 친구는 재산도 많은데다가 한 상자의 보석까지 가진 친구가 있었다.

어느 날 오랜만에 한 친구가 보석을 가진 친구를 찾아왔다. 반갑게 찾아간 걸음이건만 옛날 같지 않은 친구의 태도에 실망하고 돌아서면서 시를 한 수 읊었다.

보고 싶은 얼굴 찾아 나 여기 왔건만
생각이 '나'다른가 생각이 울게 하네
그립던 그 얼굴은 세월이 배반하고
그 인연 다시 볼 날 그날이 언제려노.

하고 돌아선다. 방안에 있던 친구는 이 말을 들었는지 방문도 열지 않고서 말을 한다.

"여보게 친구! 사람됨이 귀하거든 내 얘기 좀 들어보소!"

그러나 이미 대문 앞까지 걸어 나온 친구는 안쪽으로 대답도 하지 않은 체 귀만 기울인다.

"가진 것이라고는 하나도 없는 것이 그 꼴에 자존심은 있어 가지고......,"

"여보! 당신의 말씀이 그 친구를 너무 아프게 한 것이 아닐까요?" 라는 친구 부인의 말이 들린다.

사람은 재물이 조금씩 늘어가면서 심성이 변해가고 그때부터 죄를 짓기 시작한다. 변한 것은 재물이 많아진 것이고 가진 사람은 그 가진 것 때문에 가난한 사람을 업신여기고 자신은 건방진 모습으로 변하게 된다. 대체로 가난한 사람은 변한 것이 없는데 가진 사람이 자신을 낮출 줄 모르는 그 마음으로 인해 남들을 아프게 하는 것이다. 아픈 마음들은 점차 그 사람을 외면하기 시작한다.

더불어 살아가는 삶에서 외면하는 마음이 하나씩 늘어날 때마다 이 세상은 어떻게 될까?

'시연백화'란 공(空)함의 세상에서 서로 베풀며 살아가는 것을 말한다.

소리소리 다 끊어도
물고 늘어지는 회한
겹겹이 쌓아 올린
번뇌의 장막
한 점 바람의 인연도 막았다

어리석음을 공양으로 올리고
난도질할수록 다져지는
오로지 막고 자르고
채워지지 않는 허욕의 빈자리

꺼질 새라 여린 부처 하나 감싸 안고
길 찾아 평생을 헤매는
대체 있기는 한 걸까 마음의 등불

나는 극락으로 핫-라인을 개설하는 중이다

心

3.
평등 平等 과 화합 和合

· 새끼손가락의 힘

· 詩 어둠속에서

· 詩 초가지붕을 덮으며

3.
평등平等과 화합和合

'공존(共存)의 세상'을 이루기 위해서는 평등과 화합이 전제조건이고 그 결과가 공존의 세상으로 표현한 것이다. 평등이란 만인(萬人)의 평등, 나아가 만물(萬物)의 평등이라 할 것이며 화합이란 만인의 화합뿐 아니라 만인과 만물의 화합이라 해야 할 것이다.

만인의 평등이란 절대적인 거울에다 이 세상을 한 번 비추어 본다.

힘이 있고 없고 돈이 있고 없고 또 배우고 못 배우고 등등 차별이 없어야 한다는 뜻이다.

그런데 지금 우리가 살아가는 세상은 어떤가?

마치 어쩌다 상처 난 이리를 동료 이리떼가 달려들어 기어이 죽여 나누어 먹어 치우고 마는 가히 그런 형국이라 할 것이다. 이런 세상을 두고 누가 있어 평등한 세상, 화합된 세상이라고 할 수 있으며 어느 누구도 그렇게 말하기란 쉽지 않을 것이다.

평등 즉 만인과 만물은 이 세상을 위해 부여받은 각자의 할 일이 다를 뿐 세상 앞에서는 평등하다는 말이다. 즉 각자가 이 세상에서 하고 가야 할 일이 다를 뿐이므로 각자가 맡은 분야에서 자신의 수행(역할)

을 잘하면 모두 극락이나 천당에 갈 수 있다는 뜻이다.

힘 있는 사람 부유한 사람 배운 사람 및 대기업인이라 하여 극락과 천국에 쉽게 가고 반대로 힘이 없는 사람 부유하지 못한 사람 배우지 못한 사람 및 중소기업인은 천국이나 극락에 갈 수 없는 것일까?

주위의 삶을 들여다보면 권력과 재물과 명예를 쫓고 쫓아 마치 이 세 종류의 앞날에만 극락과 천국이 있는 양 세상을 온통 흙탕물로 만들어 놓는다. 그것도 모자라 권력이 재물을 재물이 권력을 명예가 재물이나 권력을 탐해 결국은 탈이 나는 것을 보면 그들의 앞길엔 분명코 지옥이 있음이다.

지옥이 있음을 선자(先者)가 분명히 보여주었는데도 불구하고 그 길에는 불 속으로 날아드는 부나비처럼 남에게 뒤질세라 처질세라 항상 아수라장(阿修羅場)이다.

자기 자신에게 부여받은 세상은 평등하였음에도 불구하고 자신의 몫 이외의 것을 추구하는 것은 화합을 깨트리는 일이기에 세상이 요란스럽고 시끄럽게 되는 것이다.

저승으로 가는 지옥행 열차는 한 시간 일찍 도착해도 역마다 항상 만원(滿員)이고 극락과 천국행 열차는 한 시간을 연착해도 타는 사람이 없어 걱정이란 말이 있다. 이 세상에서 지금도 일어나고 있는 일을 보면 이 말이 사실이 아닐까라는 생각마저 든다.

평등한 세상? 차별 없는 세상?

우리 앞에 주어진 세상은 이미 평등하다. 그러나 사람들이 평등한 세상을 혼탁하게 만들어서 불평등한 세상으로 보이게 할 뿐이다. 권력과 학식과 명예의 세습 그리고 남들보다 상위에 그래서 억지로 다른 사람들에게 우러러보이려고 하는 허망한 욕심을 추구하는 사람들 때문에 세상이 추하게 보일 뿐이다.

어느 쪽으로 방향을 잡아갈 것인가는 오로지 자신의 몫이다.

'불평등한 세상' '차별 있는 세상'이라고 자신이 느낀다면 이미 지옥행 열차에 몸을 실었는지 모를 일이다. 지옥행 열차는 이미 만원이라 가뜩이나 비좁은데 힘 있는 사람 힘으로 밀어붙이고, 돈 많은 사람 미리 좌석 예약하고, 배운 사람들의 업신여기는 소리에 몸 둘 자리가 없을 것이다. 당장 다음 역에서 열차를 갈아타야 할 것이다.

지옥행 열차를 타고 있는 한 평등도 없고 화합도 없다.

'평등한 세상' '화합된 세상'이란 어쩌면 살아가는 이 세상을 극락, 천국으로 만들어가는 과정에서 평등과 화합을 배우고 실천하고 가르치고 가는 동안 열차는 어느덧 진정한 화합된 세상 조화로운 세상으로 이끌어 줄 것이다.

새끼손가락의 힘

이 세상에서 제일 힘이 세다고 으스대는 젊은 사람이 있었다. 모두 저렇게 큰 체격이니까 힘도 그렇게 센가라고 생각하였다. 어느 날 이 소문을 듣고 멀리서 백발노인이 찾아왔다.

"너의 힘이 얼마나 세냐?"

"이 세상에서 제일 셉니다."

"그럼 백 사람, 천 사람이 먹을 수 있는 상(床)을 들 수 있겠는가?"

"예, 들 수 있습니다."

"그러면 한 상에 열 사람이 먹을 수 있는 상을, 백 상을 포개서 들고 오너라!"

젊은 사람은 양손으로 백 상을 들기는 했지만 한 걸음 막 옮기려다가 그만 상이 와르르 넘어져 버렸다.

"야! 이놈아! 드는 힘만 있다고 힘이냐? 네가 아무리 힘이 세더라도 받들어주는 힘이 없으면 안 된다."

그 제서야 젊은이는 고개를 숙인 채 말이 없다.

그 백 상을 들어 올릴 때 옆에서 누군가 새끼손가락으로 기우는 쪽을 받쳐만 주었더라도 그 쌓아 올린 상들은 무너지지 않았을 것이다. 균형을 잡아주는 그 힘은 조그만 힘만으로도 충분하다.

더불어 살아가는 세상에서는 비록 육신의 큰 힘은 없더라도 조그만 힘이나마 균형을 잡아주는 힘 백발노인의 세상을 바라보는 안목과 지혜가 이 세상을 받들어 가고 또한 필요한 것이다.

자신의 육체적인 힘 즉 자신의 아만심(我慢心)으로 인해 이 세상을 탁하게 하는 일이 비일비재하다. 이 세상은 받쳐주는 힘 이런 힘을 갖춘 사람을 더욱 바라고 있다.

詩 어둠속에서 / 원종

소리란 소리는 모두 죽이고
위태롭게 막이 내린다

아픈 오늘이 서서히 지워지고
악을 쓰며 세상을 흔들던 바람도
지친 나래를 접는다

새로운 생명을 잉태하는 순간
가슴을 후벼 파는 아픔도 미움도 삭이며
뼈저린 회한이 녹아내린다

비틀거리며 어렵게 왔던 발걸음들
헐떡이며 바둥거려도 닿을 수 없는
빛바랜 소망들이 새살로 돋아 오르고

칠흑 같은 세상
메마르고 척박한 땅
어둠 속 일어서는 내일의 환한 얼굴

詩 초가지붕을 덮으며 / 원종

삭아버린 이엉을 털고
새로 지붕을 덮는다
덮고 덮어도
씻을 수 없는 끈질긴 가난
끝없이 두드리는 할아버지 빈 화로 소리
쌓여가는 바람벽 그을음
얼룩진 눈물자국 마른날 없고
끓어오르는 어머니의 애간장
연기처럼 피어오르고
땀내 물씬 풍겨나는 아버지의 빈 지게
싸늘한 달빛만 가득하다

4.
자연이 경전經典 이다.

4.
자연이 경전經典이다.

이 세상에는 불경을 비롯하여 많은 경전이 있다.

이 경전들은 하나같이 후세들이 읽고 배우고 따르고 실천해 주기를 고대하고 있다. 그러나 이들 경전의 내용을 이해하기 위해서는 우선 문자를 익혀야 할 것이고 읽고 모르면 물어봐야 할 스승을 찾아야 한다.

그렇다면 글을 알아야만 극락과 천국에 갈 수 있다는 조건이 성립된다. 그러나 어느 경전을 막론하고 글을 알아야만 천국과 극락에 간다고 표현한 것은 털끝만큼도 없다. 단지 글을 먼저 안다는 것은 경전을 읽고 이해할 수 있고 또 삶의 나아가야 할 길을 쉽게 찾을 수 있는 하나의 도구일 뿐이다.

그러면 글을 모르는 배우지 못한 사람은 극락이나 천국에 갈 수 없는 것일까?

많은 사람이 사찰 등 각자의 성전에 가서 공경한 마음을 다듬고 있지만, 그 외의 수많은 사람 중에는 자연을 스승으로 또는 도반으로 생각하며 살아가는 사람도 있다. 그들은 매일매일 자연을 보고 배우고 체험하고 느끼며 살아가고 있다.

그런데 간혹 힘 있는 사람과 힘 있는 법인(法人) 단체가 먹고 즐기기 위해 자연 속에서 어렵게 살아가는 힘없는 사람들을 몰아내고는 별장이나 골프장을 지어 놓고 그들만의 은밀한 향연을 즐기고 있다.

수많은 사람이 세상을 살아가는 공부를 하는 성전(자연)이 향연을 즐기는 곳으로 부를 과시하는 곳으로 쓰이니 여기에서 원성과 빈축이 터져 나오는 것이다.

그렇기에 자연의 남용이나 훼손은 자연을 경전으로 생각하고 보고 듣고 읽어 내려는 사람들의 눈을 가리고 앞길을 막아 버렸으니 이 또한 얼마나 큰 죄업이 되는지 알아야 한다. 이것을 보고도 사람들이 감히 눈뜨고 살아간다 할 수 있을까? 육신의 눈만 있지 마음의 눈은 정녕 감고 살아가는 철없는 짓이라 할 것이다.

마음의 상처를 입은 사람 고통받는 사람 배우지 못하고 힘없는 사람들일수록 자연의 성전에 들어서면 자신의 눈높이에 따라 세상의 이치가 절로 보이고 느껴지며 때로는 가르침으로 다가오고 한량없는 자비의 품으로 느껴지기도 할 것이다.

이런 사람들은 암벽위에 뿌리박고 살아가는 소나무를 보고 냇가에 버티고 있는 바위를 보고 부대끼며 얼싸안으며 흐르는 물을 보고 굳건하게 살아가는 이름 모를 잡초를 보고서 살아가는 이치를 마음으로 읽고 배우고 느끼고 깨닫고 하는 것이다.

이런 연유에서 그 어떤 경전보다 고귀한 것이 자연의 경전이라 생각된다. 즉 만인의 눈앞에 평등하게 펼쳐 보이는 자연이 가장 장엄한 세상의 경(經)이라 할 것이다.

조화로운 세상 자연과 더불어 살아가는 세상 공존의 세상은 모두가 꿈꾸고 바라는 세상이기에 '자연을 경전으로 삼아 살아가는 사람들도 있겠구나' 하는 배려하는 마음이 모두에게 있었으면 한다.

詩 산 / 원종

태어난 모습 그대로
꿈쩍 않고 있다
가진 것은 육신 하나
변하는 듯
변할 수도 없고
몸서리치는 원망
소리치는 한탄
피울음으로 삭이고
주름져 깊이 파인 눈
감출 수 없는
아픈 눈물 흘러내리고
죽을 수도 없는
가슴 터지는 숙명의 인고(忍苦)

어느 마을에 금(보석)을 파는 사람과 돌을 다듬어 파는 사람이 살고 있었다. 금을 파는 사람은 항상 산뜻한 옷차림으로 가게도 깔끔하게 꾸며 놓고 손님을 맞이하고 있었다.

어느 날 금 장수는 친구인 돌 장수를 오랜만에 찾아왔다. 돌 장수는 친구인 금 장수가 찾아오니 너무나 반가웠다. 한편 금 장수는 친구인 돌 장수의 먼지를 뒤집어쓴 모습을 보고서 처음엔 열심히 일하는 모습이 참으로 보기 좋다고 생각했다.

그러나 언젠가부터 그런 친구의 모습을 보면서 마음 한구석에는 측은하고 불쌍한 생각과 함께 업신여기는 생각이 들었다.

조금 전에도 돌먼지를 뽀얗게 덮어쓴 친구가 반가운 얼굴로 맞이했을 때만 해도 금 장수는 겉으로는 반가운 표정이었지만 속으로는 '이 친구는 본래 이렇지!' 하면서 어느새 업신여기고 낮추어 보는 생각이 들었다.

오랜 시간 동안 이런저런 얘기를 하면서 금 장수는 자신이 하는 일이 좋다는 것을 강조하다가 그만 돌 장수인 친구를 비하해서 말하고 말았다.

이렇게 하여 두 사람은 감정이 격해지면서 급기야 주먹이 오가는 싸움을 하게 되었다. 그 싸움에서 돌 장수는 금 장수에게 얼마나 당했는지 제대로 몸을 가눌 수 없을 정도로 두들겨 맞았다. 겨우 집으로 돌아온 돌 장수는 분한 마음에 '친구가 그럴 줄 몰랐다'라고 한탄을 하며 밤새 끙끙 앓았다.

새벽이 훤히 밝아 오는 것을 느끼자 골똘한 생각에 잠겼던 돌 장수가 무릎을 '탁!'치면서 혼자 말로 소리쳤다.

"금 장수! 누가 뭐라 해도 자네는 나를 이길 수 없네!"

빙그레 웃더니 툭툭 털고 일어나서는 아무 일 없었다는 듯 일을 하러 나섰다.

이 돌 장수는 무엇을 생각한 것일까?

금은 돌에서 나오니 금을 캐내기 위해서는 돌을 깨트려야 하고 결국 금은 돌을 벗어날 수 없다는 결론에 이르자 아프다고 마냥 누워 있을 수 없었던 것이다. 즉 본바탕에서 나온 물건은 그 본질을 벗어날 수는 없다는 것이다.

마음의 깊은 뜻은 생각의 상(象)을 밝혀가고 깨달음의 상은 만법(萬法)의 통념을 깨닫고 살아가는 것이다.

소리 없는 소리

산속 생활을 하다 보면 자연의 소리를 쉽게 접할 수 있다.

밤이 되면 산속은 시끌벅적한 시장보다 더 요란스럽고 미묘한 알아들을 수 없는 소리로 가득하다. 바람 소리, 물소리, 밤새소리, 풀벌레 소리 등 그중에는 간혹 분간할 수 있는 소리도 있지만 그렇지 못한 경우가 훨씬 많다.

가만히 귀 기울여 보면 알 수 없는 소리 중에는 자고 나서 상추밭에 가면 상추를 또 한 움큼 뜯을 수 있으니 엊저녁 그 소리가 상추가 숨 쉬는 소리, 벚꽃이 핀걸 보면 벚나무가 밤새 물 퍼 올리는 소리였구나 하고 짐작을 할 수 있다. 마치 들릴 듯 말듯 잘 들리지 않는 오케스트라의 조화된 베이스음처럼 자연이 일하는 소리는 귀가 있어도 듣질 못하고 마음으로 읽어야 하는지 모른다.

어느 날 산 넘어 있는 친구가 궁금해 졌다.

좋아하는 술을 들고 오랜만에 친구를 찾아 나섰다. 밤의 소리에 비해 낮의 소리는 의외로 조용하고 한적하다는 생각마저 든다.

마침 저만치 보이는 바위 위에서 까치가 유난히 크게 울고 있었다. 친구를 찾아 나서는 길을 마치 자신의 일인 양 반기는 것 같다. '그래 잘 갔다 오마'하고 마음으로 답했다.

해 질 무렵 돌아오는 길에 아침에 보았던 그 까치가 그 자리에서 또 울고 있었다. 마치 취한 나를 놀리는 것처럼.

"야! 이놈 까치야! 아침부터 울더니 너는 온 종일 그 소리밖에 할 줄 모르냐!" 하며 고함을 지르며 돌을 힘껏 던졌다.

"그게 내 본성인 걸요!"

"아니! 저 저놈이……,"

비명처럼 까치의 외마디가 십 년이나 지난 지금도 귓가에 들리는 듯하다.

'허! 그 놈! 재 놈은 온종일 본성을 지키며 살았으니 취한 날 보고 본성을 지키며 살라고?'

어쩌면 낮에 들리는 소리 역시 마음으로 읽으면 낮은 소리라도 들을 수 있을 것 같다. 눈 귀 생각 따라 나의 마음이 시끄러워 그 소리를 찾을 여유가 없어 들리지 않을 뿐.

우리는 밝은 낮에는 도리어 눈을 감고 살고 어두운 밤이 되어서야 마음의 눈을 뜨는 것일까?

밤의 들리지 않는 소리를 화두 삼아 수행하는 청정한 스님의 "말없는 미물이라 할망정 제각각 존재의 이유가 있다"라는 말씀이 어렴풋이나마 이해될 것 같다.

이 세상에 존재하는 만물은 아마도 스스로 할 일이 있고 또 우리에게 보여주고 가르치는 것이 있다는 뜻일 것이다. 그런 의미에서 이 세상은 소리 없이 보여주는 진정한 불경(佛經)이란 생각마저 든다.

우리는 인연의 즐거운 소리는 낮의 소리와 같이 쉽게 들을 수 있고 쉽게 나누는 것 같다. 그러나 인연의 아픈 소리는 밤의 낮은 소리처럼 들릴 듯 잘 들리지 않는가 보다. 아니 듣고도 못 들은 척하고 일부러 외면하고 살아가는 것인지도 모른다.

인연의 아픈 소리 소리 없는 아픔을 모르고 살면 비록 밝은 낮일지언정 어찌 알고 산다고 할 수 있으며 칠흑같이 어두운 밤이라 할지라도 느낄 수만 있다면 마음의 눈을 뜨고 살아가는 것이리라.

밤의 소리에 청정심이 일어나듯 인연의 소리 없는 아픔의 소리를 들을 수 있다면, 마음의 눈을 뜨게 하고 성불(成佛)의 길로 안내하는 진정 말없는 스승이라 할 것이다.

흰 수국과 푸른 수국

옛날 농사를 많이 짓는 부잣집에 머슴이 살았다.

이 머슴은 주인이 씨앗을 뿌릴 때나 추수할 때 일 년에 한두 번 정도 지켜보고 논밭에 거의 나가보지 않아도 될 정도로 모든 일을 알아서 했다.

그 머슴은 어느 봄날 모심기 준비를 하다가 논두렁에 잠시 쉬었다 일어나려는 순간 무릎에 앉아 있는 흰 나비를 보고 멈칫했다. 머슴은 자기가 움직이면 나비가 놀라 날아갈까 봐 가만히 보고 있었다. 한동안 기다려도 나비가 날아가지 않자 머슴은 속으로 말했다.

'나비야! 이제 좀 날아가려무나! 그래야 내가 일을 할 수 있단다.'

"아함! 한숨 잘 잤네!"라는 소리가 들리지 않는가? 주위를 아무리 살펴보아도 사람은 보이지 않았다.

"아저씨! 좀 더 쉬었다 일해요."라고 나비가 얘기하고 있었다.

"아저씨! 우리 얘기 좀 해요."

"그래 말해 보거라."

"아저씨는 주인이 시키는 일만 잘하면 될 텐데 왜 시키지 않는 일까지 하시고 그래요."

"농사일을 하는데 주인이 시키는 일만 해서는 농사가 잘되는 것이 아니란다. 주인이 시키지 않더라도 농사에 필요한 일은 해야 한단다. 그게 농사꾼이지."

"그렇게 열심히 일하시니까 힘만 많이 들잖아요."

"힘이 들어도 해야 할 일인 걸."

"아저씨! 제발 건강하세요."라면서 훨훨 날아갔다.

그 자리에 조그만 씨앗 두 개가 떨어져 있었다. 일꾼은 무슨 씨앗인지 몰라 그 자리에 심었더니 나중에 흰 색과 푸른색의 꽃이 피어났다.

그 꽃을 지금의 수국(水菊)이라고 한다.

머슴의 맑고 청정한 마음으로 열심히 일하는 그 마음을 보이고자 흰 꽃이 피었고 시키기만 좋아하는 주인의 마음을 가르치고자 푸른 꽃이 피어났다고 한다. 시키기만 좋아하는 성품과 말없이 실천하는 품행이 한 세상을 살아가는 우리에게 마음의 눈을 뜨게 한다.

5.
보시 布施 란?

· 은비약사

· 보시하는 마음

· 詩 님 2

5.
보시 布施 란?

보시란 말의 뜻이 비슷한 것으로는 두 가지가 있다.

첫째는 보시(布施)로서 육바라밀의 하나, 탐욕이 없는 깨끗한 마음으로 불보살, 중 또는 가난한 사람에게 의식을 베풂.

둘째는 보시(報施)로써 은혜(恩惠)를 널리 베풂. 이라고 되어 있다.

보시란 말이 어느 것이든지 우리가 살아가면서 실천하지 않으면 아니 되는 할 일 중의 하나이다. 쉬운 것 같은 보시란 말이 누구나 탐욕이 없는 깨끗한 마음으로 실천하기란 그리 간단치가 않는 모양이다.

그래서 제일 먼저 보시(布施)를 연습하는 곳이 "가족"이란 울타리 안이라고 생각한다. 나를 낳아준 부모에게 나와 함께 살아가는 아내에게 내가 낳은 자식에게 탐욕이 없는 깨끗한 마음으로 보시를 실천하는 것이리라.

이런 보시의 진정한 실천이 우리 사회에서 잘 되고 있을까?

신문이나 방송에서 반복되는 불효 이혼 아동학대 가출……, 등 이러한 말들이 그 반증이 되기에 충분할 것이다. 나는 주지 않으면서 상대에게 바라는 것이 많아 일어날 수밖에 없는 필연적인 현상들이다.

먼저 진정한 의미의 보시를 연습하는 곳이 나의 가족이다. 그 다음으로 연습하는 곳이 가족이란 울타리를 벗어난 나의 집 앞마당격인 나의 친척들 나의 친구 등 여기서도 실천이 잘 되었을 때는 대문 앞을 지나다니는 사람들에게 그다음은 마지막 단계인 어려운 사람을 찾아 나서는 것이리라. 모든 사람이 이런 과정을 거쳐야 하는 것은 아닐 테지만 대부분의 사람은 이런 과정을 거쳐야만 진정한 보시의 실천이 자연스럽게 몸에 익혀질 것이기 때문이다.

이런 과정을 거치지 않은 사람 중에 연말만 되면 자기 이름을 내기 위해 바쁘고 여러 종류의 물품을 쌓아두고 그 앞에서 자신의 얼굴을 내기 위해 사진을 찍는 모습들이 진정한 의미의 보시라고 생각하는 사람은 드물 것이다. 왜냐하면 이런 사람 중에 자신의 가족이나 친척이나 친구들에게 사람답게 살아가는 사람이라고 올바른 평가를 받고 진심 어린 존경을 받으면서 살아가는 사람은 많지 않을 거라고 짐작된다.

보시(布施)에는 재시(財施), 무외시(無畏施), 법시(法施)가 있다. 재시는 구걸하는 사람을 보면 인색함을 버리고 상대에게 기쁨을 주는 것이고, 무외시는 죽음을 두려워하는 사람이 있으면 두려움 없는 안심을 베풀어 주는 것이고, 법시는 법을 구하러 온 사람에게는 자신의 능력껏 설명해 주는 것이다. 또한 이런 보시를 행함으로써 보살의 도(道)에 이르는 육바라밀의 실천과정이다.

재시는 물질을 무외시와 법시는 정신적인 능력을 베푸는 것이다. 대다수 사람은 자신에게는 정신적인 능력이 없다는 생각에서인지 재물 보시만 올바른 보시인 줄 착각하고 있다.

길을 묻는 사람은 길을 가르쳐주고, 글을 모르는 사람은 글을 가르쳐주고, 권력이 높은 사람은 힘없는 사람을 위해 힘이 되어주고 지혜로운 사람은 지혜를 베풀어 주는 등 이런 행위는 모두 정신적인 측면이다. 살아가면서 일상적으로 행하는 모든 것이 보시의 행위이다. 그러나 그것을 얼마나 탐욕이 없는 깨끗한 마음으로 행하는가에 달려 있다.

보시(布施)란 자신이 가장 많이 가진 것을 조건 없이 상대에게 베푸는 것이라 한다. 마치 걸음마를 배우는 아기가 넘어질 듯 넘어질 듯 위태로울 때 아무 생각 없이 얼른 손을 잡아주는 이 마음이 진정한 보시의 의미이리라. 보시하면 공덕을 쌓게 되고 공덕은 천당이나 극락에 가기 위한 탑이 된다고 한다. 사람이 죽으면 그 공덕은 빛이나 탑이 되어 천당이나 극락에 이른다는 말일 것이다. 공덕을 많이 쌓으면 쌓을수록 빛은 강해져 멀리 가고 탑은 점점 높아져 마침내 천당이나 극락에 갈 수 있다는 것이다. 그래서 공덕을 쌓을 수 있는 보시를 많이 행하라고 권하는 것이다.

덧칠을 하고 또 덧칠을 하여 완성시켜 놓은 한 폭의 위대한 서양화처럼 우리들의 삶도 실수하고 참회하고 거듭거듭 진정한 보시를 배우고 행하면서 마침내 생(生)의 완성을 시켜가는 것이다.

인간이 이 세상에서 가장 갖고 싶은 것이 무엇일까?

만약 그것이 행복이라 하면 행복의 종류도 너무나 많을 것이다. 부귀(富貴)를 갖는 것 남을 지배하고 군림하는 것 물질이 풍부한 것 장수하는 것 진실한 마음과 더불어 고통이 없이 살아가는 것 높은 경지에서 내려다보는 것 등등 수없이 많을 것이다.

세상은 이 모든 것을 이미 베풀어 주었지만, 바로 받아들이고 느끼며 살아가지 못하고 있다. 그리고 그 보답으로 세상에게 내놓는 것도 없다.

어느 날 관세음보살께서 세상의 자비가 얼마나 풍부한가 하고 세상 속으로 들어가 보기로 했다. 어느 동네에 들어서니 사람마다 하는 말이 '너 없으면 못 산다'라고 한다. 어느 집을 들여다보니 언니와 동생이 너무나 사이좋게 지내는 것 같다. 동생이 언니 집에 소금을 얻으러 왔다. 언니는 동생에게 소금이 있는 자리를 가르쳐주면서 필요한 만큼 가져가라고 한다. 동생은 소금을 가지고 돌아갔다. 동생이 돌아간 뒤 언니는 소금을 확인하러 갔다. 그리고는 소금을 너무 많이 가져갔다고 투덜대는 것이다.

동생으로 나투한 관세음보살은 필요한 만큼 가져가라고 하여 가져갔는데도 불구하고 실제로 언니의 마음은 그렇질 못한 것이었다. 언니가 동생에게 겉으로 보인 마음은 가져가고 싶은 대로 가져가라는 큰마음이었지만 실제는 그것이 아니었다는 것이다. 언니의 속마음은 가져

가라고 한다고 해서 그렇게 많이 가져갈 줄 몰랐다는 원망하는 마음이다.

이것이 우리의 마음이다. 말로써는 믿음이 있고 베푸는 것 같지만 마음은 의심이 있고 독이 있다는 것이다.

'은비약사'법이란 상대에게 아픔이 있을 때 나 자신이 구원의 빛이 되어주는 것을 말한다.

보시하는 마음

보시를 많이 하는 사람이 있었다.

어디서 사찰을 짓는다는 얘기를 들으면 즉시 그곳에 가서 보시를 했다. 유명하거나 오래된 사찰에 또 큰 스님이 계시는 절이나 암자 그 밖에도 발길 닿는 사찰과 암자마다 보시하곤 했었다. 한평생 그렇게 살다 보니 보시하지 않은 사찰과 암자는 거의 없을 정도였다.

이 사람이 마침내 죽어 저승에 갔다.

"당신이 아무개냐?"라며 따라 오라고 했다.

아무개는 이승에서 살아가는 동안 보시를 많이 하였기에 좋은 일이 있을 것이라고 기대하며 따라갔다. 빈 방에 들어가서 이 세상에서의 자신이 살아왔던 삶을 재현해 보여주었다.

어느 사찰에 가서 그때 보시한 금액과 자신의 마음을 대비시켜 보여주었다. 사찰마다 암자마다 한평생 돌아다닌 것을 모두 보여주었다.

보시할 때의 마음은 보는 사람이 없다고 내 마음이 들키지 않는다고 생각해서 자신만을 위하거나 나의 자식만 잘되게 해달라고 하는 그 모습을 다시 보니 너무도 부끄러웠다.

보시란 세상이 있어서 바른 수행을 하고 또 진리의 빛으로 자신이 바르게 살아가는 것에 대한 고마움과 보답이 진정한 보시의 의미이다.

자신만을 위한 생각으로 사찰을 찾는다면 절에는 부처님이 아니 계실 것이다.

詩 님 2 / 원종

보고 싶다고 말할 겨를도 없다
홀로 있기가 무섭게
어느새 밀려오는 애틋함

이제는 더 탈 것 없는 마음에도
매서운 발길질을 할수록 피어오르는
고운 님 향기는
저만치 잡힐 듯 아스라이

후벼 팔수록 파고드는
마음속 가시처럼
이러고도 님이라 하오 정녕

아픔이 없는 삶이 어디 있을까마는
시린 줄도 모르는 고드름처럼
아린 수레를 이끌고 님 계실 피안을 찾아가오
늦기 전에……,

피안(彼岸): 이승의 번뇌를 해탈하여 열반의 세계에 도달하는 길

6. 인연 因緣

6. 인연 因緣

인연이란 불교용어의 규명된 뜻으로 많이 쓰이고 있다.

인(因)과 연(緣), 곧 안에서 결과를 만드는 직접적인 원인과 그 인을 밖에서 도와서 결과를 만드는 간접적 힘이 되는 연줄이라 한다. 그리고 모든 사물은 이 인연으로 인하여 생멸(生滅)한다고 한다. 인연을 만남으로 생(生)하고 인연의 다함이 곧 헤어짐인 멸(滅)이고 즉 죽음이다. 죽음은 또 다른 세상에서의 인연의 시작이 되는 것이다.

이 세상에서 인연이라 함은 대체로 전생(前生)의 인연을 말한다. 왜냐하면 전생의 인으로 말미암아 이 세상에서 결과가 나타난다고 보기 때문이다. 이 세상에서 인연의 시작은 부모와 자식으로 와서 크게는 스승과 제자로 만나고 친구로 또 부부의 인연으로 만나고 자식과의 인연은 또 다른 시작이다. 이것을 윤회(輪回)라고 하며 이 세상을 윤회의 수레바퀴라고 표현하기도 한다. 이 세상을 살아가는 동안 이 윤회의 굴레를 벗어나지 못한다. 결국 인연의 굴레 또한 벗어나지 못함을 뜻한다.

또 흔히 일(事)을 사람과 사람의 만남으로 정의하기도 한다. 이 말은 인연의 또 다른 서구식 표현이라 생각된다.

홀로 살아가는 사람이라도 희노애락(喜怒哀樂)이 있고 선한 인연과 악한 인연과도 만나게 되듯 부부의 인연 또한 이 굴레를 벗어날 수 없다. 단지 혼자 보다는 둘이 되니 산술적으로는 두 배로 할 일이 많아진다. 그러나 부부로 살다 보면 혼자서는 도저히 할 수 없는 결과를 이루어 내고 있다. 자식을 낳고 키워내는 일과 상대와 자식을 위해 배려하고 희생하는 일 그리고 이에 파생되는 수많은 고통과 어려움을 극복해 가는 과정은 실로 놀랍고 위대하다.

그러면 이를 극복하는 힘은 어디서 오는가?

끈끈한 정과 상대를 배려하는 마음과 희생이란 말로 요약할 수 있을 것이다. 에베레스트산을 정복하기 위해 수많은 시간의 예비훈련 과정을 거쳐 준비한다. 그러고도 예상치 못한 일로 실패하거나 심지어 목숨까지 잃는 일이 있다. 그러나 부부 인연의 등정은 보통 예비과정도 없이 만나지만, 서로에게 배우고 노력하고 배려하고 희생하고 실천하는 그 과정을 완성하고 나면 마침내 성불(成佛)이란 정상에 오르게 되는 것이다.

인연의 소중함을 아는 사람은 그 인연과 동행을 하게 된다. 동행하면서 서로 배우고 정을 나누는 수행의 길로 들어선다. 하지만 이 수행의 길에서 변덕스러운 마음은 항상 혼란을 일으킨다. 세상을 똑바로 본다지만 올바른 사람들의 안목이나 세상의 안목에서 보면 바른길로 살아가는 것이 아니다. 왜냐하면 변덕스러운 마음은 끝없이 출렁거리기 때문이다. 더불어 살아가는 삶에서 변덕스러운 마음끼리 부딪치다 보면 나의 중심마저 흔들릴 때가 있다.

마치 바위위에 걸 터 앉은 소나무가 바위가 흔들리면 터전을 잡을 수 없듯이 우선 나의 중심이 똑바로 서야 세상을 바로 볼 수 있고 또한 세상이 바라는 세상 속으로 흔들림 없이 나아갈 수 있기 때문이다.

홀로 살아가는 사람이나 두 사람이 동행하는 앞길에도 힘든 고비가 있고 어려움은 반드시 존재한다. 이때 홀로 살아가는 사람은 이끌어주는 스승이 없으나, 동행하는 부부는 한사람이 스승이 되어 이끌어주기도 한다. 인연의 소중함을 알고 또 동행의 이치를 아는 흔들림 없는 마음으로 나아가면 어느새 성불은 찾아올 것이다.

힘든 고난을 넘어 어려움 끝에 산의 정상에 올라서듯 인연과 더불어 수행하는 길에서도 힘든 고난과 그 어떤 어려움도 흔들림 없이 참고 견디어 내는 그 마음이 성불의 지름길이다. 인연과 더불어 참고 견디어 내는 그 과정이 장엄한 것이 되고 마침내 하나의 장엄한 경(經)을 완성하고 가는 것이다.

낯설고 어설픈 만남이다
펄펄 끓어 넘치다
눈물겹도록 아쉬운
도려낼 수 없는 아픔
짓뭉개도 울컥 치밀어 오는
죽어도 풀 수 없는
처절한 삶의 끝없는 목마름

미륵보살과 지장보살

어느 날 미륵보살께서 이제껏 미륵천에서 가르친 것이 재현이 잘 되고 있는지 확인하기 위해 세상에 들어선다. 길을 가다 보니 한쪽에 짚신 장수가 짚신을 팔고 있다. 오고 가는 사람들이 묻는다.

"짚신 한 켤레에 얼마요?"

"두 푼이요!"

이 사람 저 사람 묻는 사람마다 대부분 두 푼이라고 한다.

"이 짚신이 두 푼의 가치가 되나요?"

"그럼요!"

어떤 사람은 "이 짚신 한 짝만 한 냥에 파세요."라고 하니 답이 없다.

이런 대화를 지켜보고 계시던 나투한 미륵보살이 나서면서 짚신 장수에게 묻는다.

"여보시오! 나의 발에 맞는 것은 얼마요?"

"세 푼짜리가 맞습니다."

"아니 다른 모든 사람에게는 두 푼이라면서 왜 나에겐 세 푼이라 하오?"

"나는 본시 관상쟁이인데 그대를 보니까 앉아서 먹는 사람이 아닌 것 같아 넉넉한 것으로 돼야 할 것 같아 그러오!"

미륵보살은 '조금 전에 한 냥에 달라고 하던 사람은 왜 한 켤레를 사지 않고 한 짝만 사려 했을까? 또 이 짚신 장수는 왜 나에겐 세 푼이라 할까?'라고 곰곰이 생각하신다.

그 짚신 장수는 지장보살께서 나투한 것이었다.

생명은 혼자서는 못 살아간다. 짚신 한 짝의 의미는 사람은 홀로 살아서는 부여받은 생명의 이치를 다하지 못하는 것을 뜻한다. 생명의 완성은 하나가 아니고 둘이어야 한다. 짝을 이루고 살아갈 때 완성의 길로 들어서는 것이다. 이것이 인연법의 이치이다.

요즈음 젊은 사람 중에 홀로 살아가는 사람들이 많이 있다.

자기 자신의 안위만 생각하고, 단지 먹고 살기 위한 자신의 안일한 생각에 급급해 살다 보면 이 세상은 누가 있어 지킬 것이며 가꾸어 갈 것인가? 이 세상은 선대(先代)가 수행하고 가고 또 내가 수행하고 가면, 다음에 생명을 받아 오는 후세가 수행하고 갈 곳이다. 홀로 산다는 건 자신의 부여 받은 할 일도 다 하지 못하고 살아가는 것이요 또 이 세상에 수행하러 오는 다음 생명은 어디로 갈 것인가?

진정 생명 받은 인연법의 이치를 모르고 살아가는 것이다.

인연의 삶은 업장소멸의 과정이다. 이 과정을 거치지 않고서는 자기완성을 이룰 수 없다. 중생을 제도하고 새 생명을 가르쳐 주고 갈 때 미륵여래 앞에 설 수 있으며 인연된 삶의 생명을 가르치고 이끌어 주고 지켜주고 하는 과정에서 백팔번뇌를 다 느끼고 업장도 소멸하고 간다는 뜻이다.

홀로 살아가려는 사람은 이미 알려진 백팔번뇌를 막연한 고통이라 생각하고는 고통을 받기 싫다고 스스로 외면하는 것인지도 모른다.

인연의 법칙은 현세에도 피할 수 없지만, 미래세에는 더더욱 피할 수 없기에 참으로 어리석은 생각이라 하겠다.

이런 의미에서 이 세상은 수행의 장(場)이다.

고통이 없는 삶이 없고 고통이 없는 수행이란 있을 수 없다. 업장소멸을 바로 알고 수행을 잘하려면 우선 청정한 법신의 마음이 되어야 하고 이 마음을 끊임없이 지키고 실천하면 진정한 성불의 지름길로 가는 것이다.

삼선과 비단옷

한 여인이 비단옷을 입고 걸어가니 그 모습이 너무나 아름답고 황홀해 보인다. 아! 저 여인은 천상에서 내려왔나? 저렇게 황홀할까?

저 여인의 비단은 어디에서 났을까?

이런 생각으로 그 모습을 지켜보던 한 여인은 그 여인에게 다가가서 묻는다.

"이 비단을 어디에서 샀어요?"

어느 고을 어느 집에 가면 유명한 비단 장사가 있다고 한다. 그 길로 그 집을 찾아가 이것저것 구경하면서 그 여인이 입었던 색깔을 찾아보니 보이지 않는다. 그 집 주인에게 묻는다.

"옥색 비단은 없습니까?"

옥색 비단은 없다면서 비슷한 다른 색을 권한다. 그러나 여인은 다른 색깔은 마음에 들지 않는다면서 옥색 비단을 고집하자 비단 주인은 묻는다.

"옥색 비단을 어디서 보았습니까?"

"예! 어떤 여인이 옥색 비단으로 옷을 지어 입은 것을 보았습니다. 그 여인에게 물었더니 이리로 가라 하여 왔습니다."

주인은 여인의 아래위를 훑어보고는

"옥색 비단이 있긴 하지만 옷감이 당신에게는 조금 모자랄 것 같소!" 하면서 선반 위에 있던 옥색 비단을 내려놓는다. 여인은 옥색 비단을 들고 이리 재어보고 저리 재어보고 아무래도 좀 모자랄 것 같은 생각이 든다. 여인은 비단을 파는 다른 집은 없는지 물었다. 가르쳐준 몇 집을 다 찾아보았건만 그 옥색 비단을 구할 수 없었다.

여인은 주인에게 비단실을 만드는 곳을 알려 달라고 하여 아주 깊은 산골로 찾아 나섰다. 누에를 얼마나 많이 먹이는지 주인은 뽕잎을 따서 누에에게 먹이느라 이리 뛰고 저리 뛰고 잠시 쉴 틈도 없어 보인다. 말도 걸지 못하고 여인은 멍하니 바라만 보고 있었다.

얼마 지나지 않아 주인은 뽕잎을 다 먹였는지 아니면 너무나 지쳐서인지 털썩 주저앉더니 그 자리에서 곤한 잠속으로 빠져버린다. 여인은 누에 먹이는 주인에게 말 한마디 건네지 못하고 돌아서서 내려왔다.

산 밑에 다 와서는 '아차! 나를 보고 행을 하라는구나! 가서 뽕잎을 따서 누에 먹이는 일을 도와줘야지!' 하고 다시 그 집에 올라가니 누에는 벌써 선반에 올라가 실을 뽑고 있었다. 여인은 이곳에서는 자신의 할 일이 없다는 것을 느끼고 조금 전에 갔던 유명한 그 비단 장사가 사는 고을로 다시 내려왔다.

비단 장사 집에 와서 그 옥색 비단을 찾았더니 좀 전에 보았던 비단은 팔렸다고 한다. 그 비단을 사서 가지고 간 사람을 찾아갔더니 그 비단으로 아주 화려하게 옷을 만들어 입고 있었다. 자세히 살펴보니 목의 깃 부분과 소매 끝 그리고 치마의 끝단을 다른 색깔의 비단으로 이어서 만들었다. 눈이 부실 정도로 화려했다. 이제야 여인은 옥색 비단만 고집했던 것을 버리지 않으면 안 되었다.

이 애기는 인연의 만남은 처음부터 양쪽 모두 만족할 수는 없다는 뜻이다. 그 모자라는 부분을 서로가 배우고 느끼고 하여 서로를 채워주며 살아가야 한다는 것이다. 마치 모자라는 옷감을 다른 천으로 보완하듯이.

"삼선"이란 목 부분의 옷깃과 소매 끝 그리고 치마의 끝단의 세 줄의 색깔이 다른 천을 이은 것을 말한다. 또 다른 의미는 과거 현재 미래세를 뜻하기도 한다.

삼세를 살아가는 우리는 무엇을 하며 살아갈 것인가?

삶을 가만히 들여다보면 자신에게나 타인에게나 조금 모자라는 부분이 있다. 그 모자라는 부분을 그냥 스쳐 지나치지 말고 내가 먼저 행하고 가는 것이 작은 것 하나라도 이루고 가는 것이다.

우선 자신에게나 나의 가정에 무엇이 부족한지 또는 필요한 것이 무엇인지 깨달아야 하는 것이다. 그래서 먼저 부족하거나 필요한 것을 충족시켜가야 한다.

모든 것이 때가 있듯이 인연도 때가 있다. 시간과 사람 시간과 공간 사람과 사람 스승과 제자 사람과 사물 등 일체가 인연 아닌 것이 없다.

나의 마음이 언제나 맑고 청정하게 자신의 본성대로 살아간다면 언제 어디서 맞이하는 그 어떤 인연도 이끌어 가면서 제도(濟度)할 수 있는 것이다.

인연이 없으면 할 일도 없고 깨달음도 없으니 인연의 소중함을 다시 한 번 느끼게 한다.

수가탑과 보가탑

어느 날 여래께서 처소에서 나오시면서 돌을 하나 주워 탑을 쌓아 간다. 이튿날 또 돌 한 개를 주워 나란히 갖다 놓고 보니 두 돌 사이에 틈이 생긴다. 삼 일째는 그 틈에 맞는 돌을 찾으려고 애쓰지만, 꼭 맞는 돌을 좀처럼 발견할 수 없었다.

'깨달음의 경지에 오른 나이건만 그 틈새에 맞는 돌을 쉽게 찾을 수가 없구나!'라고 잠시 생각에 잠긴다.

여래의 이러한 모습을 지켜보던 두 제자는 '부처님께서 무슨 가르침을 주시려고 저러실까? 우리 두 사람이 먼저 돌탑을 쌓아 부처님께 설법을 청하자'라고 하면서 두 사람은 칠일 동안 돌탑 쌓기 내기를 했다.

한 제자는 첫날부터 제 마음에 드는 모양 좋은 돌만 골라 이리저리 맞추어 가며 탑을 쌓아갔다. 그러다 보니 약속된 날짜에 절반도 완성하지 못했다.

그러나 다른 한 제자는 오일 동안 큰 돌 작은 돌 못난 돌 잘난 돌 등 돌의 모양을 가리지 않고 보이는 대로 가져다 모았다. 그리고 모아 놓은 돌로 이틀 만에 탑을 완성하였다.

"여래시여! 이 설법은 무슨 의미입니까?"

여래께서 빙그레 웃는다.

'수가탑'과 '보가탑'이란 법이 있다.

'수가탑'이란 쌓아가는 과정의 탑을 말하고 '보가탑'이란 이미 완성되어 보여주고 있는 탑을 말한다.

탑이란 돌을 한꺼번에 많이 모아 놓고 쌓다가 보면 인연 있는 돌끼리 찾아 쌓기만 하면 되는 것이다. 돌 두 개를 갖다 놓고 그 틈새에 맞는 돌을 찾으려니 최상의 깨달음에 있는 사람도 쉽게 찾을 수 없다.

억지로 맞추려고 하니 어렵고 힘들고 시간도 많이 걸린다. 이것이 '수가탑'이다.

완성을 시켜 놓고 보니 잘 어울리는 탑과 같이 부부의 인연도 마찬가지이다. 아무리 잘난 사람도 틈새는 있고 제아무리 잘 어울리는 한 쌍이라 하더라도 틈새는 있기 마련이다. 두 사람이 만났으니 돌처럼 그 틈새는 더 크게 생기기 마련이다. 그 틈새는 두 사람의 행으로 메우는 것이다. 그래도 모자라면 자식이 그 틈새를 채워주는 것이다.

틈새가 없는 탑은 없다. 틈새가 없는 탑은 다듬어진 돌이다. 자기 자신을 다듬어진 돌처럼 깎을 수 있을까?

자신을 깎은 돌처럼 다듬을 수 있다면 내 모습 먼저 다듬어 놓고 상대에게 요구하라.

이 세상에서 살아가는 동안 만나는 모든 인연이 이렇듯 학문의 이치도 이와 같다. 억지로 짜 맞추는 학문이 빛이 나겠는가?

세상의 진리는 끊임없이 찾고 찾는 것이다. 틈새가 있는 돌처럼 자신의 근본과 경계를 알아야 깨달음도 이룰 수 있는 것이다.

은재법

목수가 나무를 이용하여 사람 모습의 형상을 다듬고 또 다듬었다. 형상은 너무 완벽했으나 빛이 나질 않는다. 어느덧 십 년이란 세월이 흘러갔건만 온갖 정성을 다했으나 도저히 빛을 낼 수 없다.

왜 빛이 나지 않는 것일까? 나의 정성이 부족한 탓일까? 하면서 계속 빛을 내기 위한 작업을 쉬지 않고 하였다.

어느 날 지나가던 사람이 그 모습을 지켜보다가 말을 했다.

"여보시오! 그 모습을 아무리 다듬어도 빛이 나지 않을 것이오!"

그 말에 깜짝 놀라 저 사람이 자기가 고민하고 있던 것을 어떻게 알았을까 생각하면서

"그걸 당신은 어떻게 아시오?"

"형상은 완벽한 것 같으나 아무리 해도 빛이 나지 않는 것이 바로 잿빛이오! 빛을 내려면 우리 집에 있는 것을 보고 하시오!"

그래서 목수는 내심 저 나그네가 대단한 분이군! 이라고 생각하며 그 집으로 따라갔다. 그 집에도 비슷한 모양의 조각이 있었다. 그것 역시 빛이 나지 않는 잿빛이었다.

"아니 이것도 빛이 나지 않잖소!"

"그것을 가지고 가서 당신이 만든 것과 같이 놓아 보시오!"

목수는 그 조각을 들고 집으로 와서 자신이 만든 조각 옆에 내려놓았다. 두 조각을 나란히 세워놓고 보니 비로소 빛이 나기 시작했다.

혼자는 아무리 자기모습을 다듬어도 한계가 있고, 사람은 인연끼리 만남으로써 더욱 빛을 발한다는 것이다. 은빛이란 두 사람이 더불어 살아가는 빛을 말하고 잿빛이란 자신의 모습만으로 빛을 내는 것을 말한다. 이것을 '은재법'이라 한다.

詩 **인연** 因緣 / 원종

동아줄로 묶인 듯
떨쳐버릴 수도 없고
끊을 수도 없는
깊이 알수록
아리는 가슴
헤집어 놓고는
사라지고
홀로 감당할 수 없는 응어리
담금질하는 고통
삶의 그릇 다듬는
질펀한 생(生)의 대장간이다

7.
구도자 求道者

- 詩 태양의 빛
- 정공법과 천기설
- 하적과 도(道)
- 아변작사
- 詩 반담반려
- 詩 님 3

7. 구도자 求道者

세상의 만물은 태양의 빛을 받아 제각각 필요한 대로 생명을 유지하고 있다. 태양이 한곳에 오래 머물면 만물은 말라 죽게 되고, 반대편은 태양을 보지 못해 또 죽게 된다. 태양이 없으면 만물은 존재할 수 없다. 그러한 태양이건만 자신의 존재를 과시하지도 않고 잘난 척하지도 않고 자신의 존재를 알아주지 않아도 원망할 줄도 모른다.

이처럼 변함없는 태양의 역할이 진리에 곧잘 비유된다. 구도자(수행자)의 삶 또한 태양과 같이 살아야 한다. 구도자는 항상 본성(本性)으로 끝없는 진리를 추구하고 또 터득한 진리는 세상 속에서 실천하고 보여주고 증명하는 삶이 되어야 한다는 것이다. 이런 구도자의 역할을 세상은 기다리고 있다.

이 세상에 온 사람은 누구 할 것 없이 외롭고 고독하다.

직접적으로 꼬집어 말로 표현할 수 없어도 어렴풋이 외롭고 고독함을 스스로 느끼기에 가족과 친구가 있어 고마운 마음으로 외로움과 고독함을 덮고 갈 뿐이다. 아니 그걸 알기 때문에 일부러 보른 척하고 외면하고 살아가는 것인지 모른다.

그러나 구도자의 삶은 참으로 외롭고 고독하다.

구도자는 이 외로움과 고독을 도반(道伴)으로 또 침묵(沈默)을 스승으로 삼아 태양처럼 살아가는 사람이다.

가끔 모두가 잠든 깊은 밤에 홀로 깨어 뒤척이다 보면 어느새 외로움과 고독이 슬며시 찾아드는 것을 느끼듯이 구도자는 항상 군중(群衆) 속에 있어도 자신도 모르게 늘 외로움과 고독을 느낀다. 이 외로움과 고독은 고통이고 그 고통을 즐거움으로 변화시켜 나가는 것이 구도자의 삶이다.

고통을 깊이 더더욱 깊이 파고들다 보면 샘물이 솟아나듯 어느새 마음의 심연(深淵)에서 자성(自性)이란 샘물이 고여 든다. 이 샘물의 성분은 주로 정(情) 사랑 자비(慈悲) 등이다. 일상에서도 다들 알고 있고 몸소 실천하던 것들이 되새김 된다.

그러나 일상에서는 내가 준 만큼 받으려는 마음이 앞서지만, 자성의 샘물은 그야말로 샘물처럼 태양처럼 주고만 갈 뿐 바라는 마음은 없다. 그래서 이 샘물이 고이면 고일수록 보시(布施)란 마음이 저절로 일어나고 배운 것을 실천하는 길로 들어선다. 마치 회귀하는 연어처럼 다시 일상으로 이렇게 돌아오는 것이 중생구제(衆生救濟)라고 이름 짓고 싶다.

침묵은 왜 필요한가? 왜 스승일까?

내가 잘난 체하고 떠들면 스승은 가르침을 주려고 기다리다 떠나간다. 마치 맑은 샘물이 고이기도 전에 스스로 흙탕물을 만들어 마실 수 없는 물과 같은 것이다. 침묵은 곧 하심(河心)이요 하심은 곧 스승을 맞이하는 장(場)이다. 이 침묵의 공간이 청정하면 할수록 스승인 세상과 세월은 더욱 큰 가르침을 준다. 스승이란 나를 제외한 일체 만물을 뜻한다.

구도자는 외로우면 외로울수록 고독하면 할수록 더욱 넓고 깊은 샘물을 채울 수 있는 그릇을 만들고 침묵하면 할수록 더 많은 스승과 큰 스승을 만나게 된다. 이렇게 체득한 지식과 지혜는 세상과 중생을 위해 바르게 지도하고 이끌어 가는 것이다. 이 길을 들어서는 구도자는 마치 캄캄한 바다를 비추는 등대와 같다.

구도자라고 하면 우선 사찰의 스님이나 교회의 목사님이나 성당의 신부님으로만 흔히 생각하기 쉽다. 또 구도자는 마치 보통 사람들과는 동떨어진 유별나고 따로 운명이 정해진 사람처럼 생각하기 쉽다.

어린아이가 세상에 태어나면서 우는 이유는 두려움 때문이라는 말이 있다. 이는 새로운 세상에 대한 막연한 두려움이고 우려쯤으로 표현하고 싶다.

이런 추정으로 이 세상을 바라보면 이 세상을 살아가는 우리는 모두가 태어난 그 순간부터 죽는 날까지 수행자이며 구도자의 역할을 하는 것인지 모른다. 그러므로 각자가 맡은 모든 분야에서 수행자나 구도자처럼 지옥을 극락과 천국으로 변화시켜 갈 때 자신에게는 성불이 되고 이 세상은 진정한 공존의 세상으로 변천될 것이다.

게으른 생각으로 자신의 안위만 생각하고 또 타성에 젖어 세상을 속이고 살아가기 쉽다. 일반 사람들이 자신을 속이고 세상의 눈을 속이고 살아가면 구도자가 구제할 것이지만 구도자가 세상을 속이면 구제할 사람이 없다. 그러기에 진정한 구도자는 세상으로부터 사랑을 받고 다시 세상을 사랑하고 가는 것이다.

외로움의 먼 길 왔다
동반자도 없이
무겁게 짓누르는
홀로 삭이던 고통
끓이다 뜨거워진 가슴
어둠으로 다그치며
쉼 없이 찾아온 천년의 여정
더 갈 곳도 없고
바램도 없는
찰나의 만남
아쉬운 미련
흔적도 없이 사그라지는
구도자의 영원한 화두(話頭)

하적과 도 道

어느 마을에 집안 살림은 부유했으나 자손이 귀한 집이 있었다. 십여 년을 부처님 전에 서원하여 마침내 귀한 자식이 태어났다. 부모가 지어준 이름은 귀하다고 하여 '금동'이라 지었다.

어릴 때는 온갖 귀여움을 받으면서 지냈으나 성년이 되면서 점점 방탕한 생활을 하게 된다. 기어코 그 많았던 부모의 재물을 모두 탕진하자 그 충격으로 부모님마저 여의고 말았다.

나이 마흔이 되자 도를 닦는다고 깊은 산중에 들어갔다. 경치가 좋은 곳을 찾아 맑은 물이 흐르는 개울가에 자리를 갖추고 앉았다.

보름 동안을 개울물만 마시면서 앉아 지냈더니 배가 너무 고파 앞이 보이질 않는다. 눈앞이 캄캄하면서 어지러워지니 이러다가 죽지나 않을까? 하는 생각마저 들었다.

바로 그 순간 백발 수염에다 하얀 도포 자락을 펄럭이며 한 도인이 눈앞에 나타나서 물었다.

"네 이름이 뭔지 아느냐."

부모가 지어준 이름을 묻는 것은 아닐 것이고 대답을 하지 못하자

"하적이야!" 하고는 사라졌다.

도인이 '하적'이라고 하였으니 의미는 모르겠지만 자신의 깨우침을 어느 정도 인정해 준 것으로 생각하고 산에서 내려왔다.

'하적'이란 공(功)을 들여 인연이 이루어진 사람을 뜻한다. 허기진 배를 채우려고 이 골목 저 골목 눈치를 보면서 기웃거리니 지나가던

사람이 혼잣말처럼 묻는다.

"우리 집에 일을 도와줄 수 있겠소?"

"예! 도와드리겠습니다. 그러나 우선 내가 배가 고파 죽을 지경이니 먼저 밥부터 좀 주시오!"

그렇게 하겠으니 자기를 따라오라고 했다.

한 그릇의 밥을 다 비우고 나니 그제야 눈이 번쩍 뜨였다.

"아하! 눈이 번쩍 뜨이는 걸 보니 이것이 '도'구나! '도'가 별거 아니구먼!"라는 생각이 머리를 번쩍 스치자 다시 곰곰이 생각을 가다듬기 시작했다.

"도는 앉아서 구하는 것이 아니라 일을 하면서 깨달아야 하는구나!"라고 느꼈다.

도는 산속에만 있는 것이 아니라 더불어 살아가는 이 사회 속에서 자신이 해야 할 역할을 열심히 하는 것이 도를 이루는 과정이다.

세상의 도는 세상 속에 있다네.

詩 반담반려 / 원종

입은 옷을 십 년 동안
씻지 않고 입었더니
그 옷 오래 입었구려!
십일 년을 입었더니
그 옷 참 질기구려!
십이 년을 입었더니
그 옷 색이 본색인가요?
별사람 별말 다 하는구나

그대 입은 옷 씻어볼까?
백수에 흐르는 물로 입은 옷 씻어보니
열 번을 헹구어도 본색이 없으니
또 열 번을 헹구었더니
입은 옷이 하는 말이
팔량수는 반담반려구려!

팔량수: 행하면서 깨닫고 배우면서 실천하는 삶 즉 살아있는 최상의 경지를 말한다
반담반려: 실천하는 것이 존재의 상이고 행하는 것이 세상의 구도자이다

하라는 일은 하지 않고 도(道)에만 관심이 많은 사람이 있었다. 자신이 득도(得道)만 하게 되면 모든 것을 이룰 텐데 하고 생각하다가 드디어 자신의 득도를 위하여 깊은 산속에 들어가 수행을 시작했다.

몇 년 지난 어느 날 '여보게!' 하는 소리에 깜짝 놀라 눈을 떠보니 주장자(拄杖子)를 짚고선 백발 도인이 바로 앞에 서 계시는 것이 아닌가?

백발 도인은 그 사람을 물끄러미 보시다가 '호적새'란 말씀을 하시고는 사라져 버렸다. 수행하던 사람은 백발 도인을 본 것을 마치 득도를 한 것처럼 생각했다. '호적새'라는 말을 '득도 자격증' 쯤으로 생각하고는 그날로 하산했다.

이 세상에는 이런 사람이 너무나 많다. 이런 사람들이 세상을 시끄럽게 한다. '호적새'란 너의 이름 자체가 중생이고 너의 생각이 중생인데 무슨 도(道)를 깨치느냐는 뜻이다.

어떤 목적을 두고 깨달음의 도를 닦기 때문에 범부의 육신은 범부의 생각 밖에 못하는 것이다. 그 백발 도인이 어디서 왔으며, 어떤 분인가는 생각지 않고 백발 도인을 본 것으로 득도를 했다고 느껴 버린다.

자신의 실천한 상(象)을 세상에 바로 보여주어야 한다. 자신을 찾지 못하고 범부의 생각에 머무는 우리를 일깨워 주는 것이다.

'정공법'이란 이념의 상(象)은 바로 보여주어야 한다는 것이고 '천기설'은 덮인 생각 없이 본모습 그대로 보여주고 가는 것을 말한다.

아변작사

개울가에 빨래터가 있다.

먼저 온 사람은 맨 위쪽에 앉아서 빨래하고 두 번째 온 사람은 두 번째 앉아 빨래하고 마지막에 온 사람은 맨 아래에 앉아 빨래를 한다.

위에서 빨래하던 두 사람은 늦게 온 사람을 골탕 먹이려고 온갖 더러운 것을 다 씻어 물을 더럽힌다. 맨 밑에 있는 사람을 무시하고 얕잡아 보면서이다.

그러나 먼저 온 두 사람은 빨래를 다하고 먼저 갈 수밖에 없다. 맨 아래 앉은 사람은 그 사람들이 가고 난 뒤에 맑은 물에 한 번 더 헹구어내고는 돌아와 빨래를 널었다.

세 사람 중에 빨래는 맨 끝 사람의 빨래가 제일 깨끗했다. 왜냐하면 더러운 물에 씻었던 것을 재차 정성을 들여 또 씻고 또 마지막에 맑은 물에 한 번 더 헹구어 냈기 때문이다.

자신의 처지를 알고 행하면 비록 더러운 물이라 할지라도 얼마든지 더 깨끗하게 할 수 있다는 것이다.

'아변작사'란 깨달음의 길을 늦게 들어섰다 하더라도 자신이 하는 것에 따라 얼마든지 빨리 성불(成佛)할 수 있다는 뜻이다.

님이 좋아하리라 믿었던
애닳고 보고픈 그리운 마음에는
님은 오지 않는가 보다

그리다가 님을 그리다가
지친 꿈에나 오려나 했건만
아직 기다리는 줄 모르나 보다

찾아갈 수도 없고
찾아올 줄도 모르기에
남은 원망을 찢고 찢어
흩날린다 민들레 홀씨처럼

님의 향 그리며 뿌린 씨앗
피어오르는 물안개처럼
아픈 인연 적시어 주오 잠시라도

心

8. 여인의 상象

· 詩 행도(行道)
· 편목제비
· 향목성
· 수관과 수목관
· 수빈고와 약빈고
· 詩 님 4
· 살아있는 거울
· 담사와 수담사

8.
여인의 상象

고집이 센 사람이 살고 있었다. 고집을 얼마나 부리는지 세상에는 그의 고집을 꺾을 사람이 없었다. 그렇게 고집이 세다 보니 세상에서 그 사람을 모르는 이가 없을 정도였다. 누군가 고집을 피우기만 하면 모두 그 옹고집을 닮아 간다고 흉을 보곤 할 정도였다.

세상의 어떤 여인도 그 옹고집이라면 시집을 가지 않겠다고 하니 마흔이 넘도록 장가도 가지 못하고 혼자 살아가고 있었다.

그러한 그에게 어느 날 한 여인이 찾아왔다. 여인은 그 사람의 고집이 진실을 위한 것인가 아니면 헛된 고집인가 세상을 위한 고집인가 그릇된 고집인가를 만나서 어떤 고집인지 직접 확인해 보려고 온 것이다.

여인은 그 사람을 만나자 상대의 의견을 묻는다.

"나는 그대와 함께 여생을 동행하고자 합니다."

그 남자는 좋다고 흔쾌히 수락한다. 그러자 여인은 묻는다.

"당신의 고집은 세상이 다 아는바 당신은 고집으로 나를 만나려 하오 아니면 인연으로서 나를 만나려 하오?"

"나 자신은 살아가는 고집을 피웠지, 세상을 보고 고집을 피우지는 않았소!"라고 한다.

이 말을 들은 여인은 동행하기로 수락한다. 그리하여 두 사람은 인연을 맺어 한 가정을 이루고 살았다. 몇 년을 함께 살다 보니 이 남자는 점차 자신의 주장을 꺾지 아니하고 세상에 알려진 바대로 그 고집을 아내에게 서서히 보이기 시작한다.

여인은 진실한 고집인지 그릇된 고집인지를 확인하기 위해 남편과 함께 세상 여행을 나섰다. 산길을 걸어가다가 여인이 발을 잘 못 디뎌 미끄러지면서 넘어지고 말았다. 넘어진 아내를 보고 도와주기는커녕 남편은 오히려 질책을 했다. 질책만 하는 남편에게 아내는 말을 한다.

"위로의 말은 못 할망정 어떻게 그렇게 질책할 수 있느냐?" 고 하자 남편은 또 쓸데없는 소리를 한다며 도로 핀잔을 주면서 말을 못하게 한다.

자기중심의 고집만 피울 줄 알았지, 세상을 위한 고집이나 바르게 살아가는 고집은 전혀 보이지 않았다. 넘어진 아내에게 진정 어린 따뜻한 위로의 말 한마디 없는 남편을 생각하면 할수록 아내는 화가 났다. 어쩌다 한마디 하면 또 핀잔을 주니 이러지도 저러지도 못하고 혼자서 화를 삭이느라 가슴만 태웠다.

남편은 아이들에게도 마찬가지였다. 아이들이 어릴 적엔 간혹 귀여워하기도 했었지만 미운 일곱 살이 되자 시키는 대로 하지 않는다며 얼마나 윽박지르는지 아이들은 아버지 앞에 나서려 하지 않았다. 아버지만 보면 피하고 무서워했다. 나이 스물이 다 됐어도 아버지만 보면 주눅이 들곤 하는 아이들을 보며 가슴이 아팠다. 아내는 남편과 말다툼도 많았건만 그때마다 할 말을 다 하지 못한 채 또 속으로 삭여야만 했다.

어느 날 저녁 식사를 마친 남편은 아내를 보고 물을 가져오라고 했다. 아내는 항아리에 물이 없다고 하자 남편은 또 핀잔을 준다.

"밥 먹고 무슨 일을 한다고 물도 준비해 놓지 않았냐!"라고 하니 아내는

"내가 물을 길으려 우물에 갔었지만 내 가슴이 다 타서 물을 실컷 마시고 나니 우물이 다 말라 버렸소. 그래서 빈 항아리를 들고 올 수밖에 없었소." 남편은 무슨 말인지 몰라 눈만 껌뻑껌뻑 거릴 뿐이다.

"당신이 그동안 나에게 얼마나 많은 아픔을 주었는지 알기나 하오? 당신이 살아가는 고집을 피웠으면 나를 방생하였을 것이요. 당신이 그릇된 고집을 피워 수 십 년 동안 나에게 아픔과 고통을 주었다오. 내 가슴이 얼마나 탔으면 샘물이 다 말라 버렸겠소! 당신이 정녕 물을 먹고 싶다면 내 몸속에 있는 이 청량수를 드시구려!" 라며 자신의 검지를 깨물었다.

붉은 피가 뚝뚝 떨어지는 손을 번쩍 들어 남편의 입으로 가져가니 남편은 화들짝 놀라 뒤로 물러선다. 그제야 그동안 자신의 잘못을 생각하고는 회한(悔恨)의 눈물을 흘리면서 말한다.

"여보! 내가 그동안 당신에게 너무 많은 잘못을 저질렀소! 용서해주구려!"

그러자 아내는 그릇을 들고 "이 가뭄에 장대 같은 비가 쏟아지니 이 비를 받아 나의 청량수로 당신의 마음을 해갈시킬 것이오!"라고 한다. 이 얘기를 들은 남편의 눈에선 깊은 회한의 눈물이 더욱 서럽게 떨어진다.

인연의 그릇된 마음의 상(象)을 개화의 성(性)으로 이끌어 주는 한 여인의 상(象)이다.

어디에선가 소리 없이
다가올 것만 같아
애태우며 기다리는
이 오랜 설렘

어른거리는 물속의 돌처럼
내 마음 흔들어
안타까움 너머의 저 황홀한 파문

채 여물지 않은 마음으로 지은
내 마음의 옷을 입고
어느새 석류 알처럼 쏟아지는 내일

제 홀로 해를 빗던 마음은
밤 허공에 보름달 환히 밝히며
행도의 먼 길을
더듬어 가고 있네

수관과 수목관

상투를 올리고 길을 걸어오는 사람을 보고

"자네! 장가갔는가?"

"예!"

"자네 어른이 되었구먼! 상투를 올릴 만큼 행을 하였는가?"하니 말이 없다.

"장가를 들었으면 식구가 한사람 늘었다. 그만한 행을 하였는가?" 라고 하니 머리를 긁적이며 겨우 하는 말이

"부모님이 장가가라고 해서 장가를 갔습니다."

"자네에게 시집온 그 여인은 단발머리인가? 비녀를 꽂았는가?"

"비녀를 꽂았습니다."

"비녀를 머리꼭지에 찔렀는가? 뒷머리에 찔렀는가?"

"뒤에 찔렀습니다."

"그 여인은 상투를 올린 자네가 행하는 데로 따라갈 것이다. 자네는 머리꼭지에 상투를 올렸으니 이는 어른의 벼슬로서 그 의미를 알겠는가?"

"수관을 쓴 나로서는 식구가 생겼으니 이제 다시 깨달아 바른 행을 하겠습니다."

그리고 한참 후에 뒤에 따라오는 여인을 보고,

"여보게! 그대는 시집갔는가?"

"예!"

"시집을 갔으면 그대의 집에서 살게 되었나? 아니면 그 남자의 집

에 가서 살게 되었나?"

"남편의 집에서 살기로 했습니다."

"그러면 출가하는 그 날부터 자네라는 존재는 없다. 자네는 비녀를 머리 뒤쪽에 찔렀지? 여인의 남편이 어떤 짐을 짊어져도 말없이 행하고 남편을 따라야 한다. 여인의 출가는 한 가문에서 태어나 출가하는 그 집에 가면 나라는 생각이 없어야 한다.

이렇게 나의 공덕을 다하게 되면 모든 애고(哀苦)와 진상(塵想)을 다 벗을 수 있고 '수목관'의 벼슬도 깨닫게 된다. 또 나의 몸 안에서 새 생명을 잉태하여 생명수를 먹이고 길러서 방생하니 이것이 진정한 여인의 상이라 할 수 있지 않겠는가?"

보살성은 모든 생명의 근원이다. 나라는 생각을 가지고 있으면 보답이 없다. 보살성을 다하여 대자대비한 행으로 '수목관'을 썼을 때 나의 자식이 '수변관'이 된다는 것이다.

수관: 사람다운 행을 하는 사람. 깨달음의 행

수목관: 본성의 마음으로 실천하는 보살성

수변관: 선자(先者)의 행을 본받아 이어 가는 것을 말한다

머리가 희끗희끗한 노부부가 산길을 말없이 걸어가고 있었다.

부인이 발을 헛디뎌 넘어질 듯하니 그것을 본 남편이

"당신은 눈도 없나?"

그 말을 들은 부인은 화가 났지만 겨우 마음속으로 삭이면서 곰곰히 생각을 해 보았다.

이제까지 한평생을 살아오면서 조그만 실수라도 하면 그럴 때마다 무시하고 업신여기는 남편의 말 때문에 마음이 몹시 상했다. 남편의 그러한 말에 일일이 대꾸도 하지 못하고 속으로만 삭이면서 참아 왔기 때문이다.

조금 전에도 이런저런 생각을 하다가 발을 헛디딘 것인데 이렇게 또 자신을 무참히 짓밟는 것이 아닌가.

마침 저 멀리 논둑에 서 있는 허수아비가 보였다. 부인은

"여보! 저 논둑에 서 있는 것이 무엇입니까?"

"허수아비지! 그것도 모르나! 이 병신아!"

"입은 옷은 무슨 색이요?"

"흰 옷이 잖아!"

한 동안 걸어가다 보니 저만치 보이는 소나무에 빨간 띠를 묶어놓은 것이 보였다. 부인은 또

"여보! 여보! 저 앞에 보이는 소나무에 묶여 있는 띠가 무슨 색입니까?"

"빨간색!"

"빨간색 맞습니까?"

"그것도 모르냐!"

"그것 참 이상하다. 조금 전에 허수아비가 흰옷을 입고, 소나무의 띠가 빨간색인 것을 당신도 보고 나도 똑같이 알아보았건만 왜 당신만 잘 났다고 합니까!"

남편은 그만 할 말을 잊었다.

이 세상에 거울이 없었던 옛날에는 부인의 얼굴이 남편의 거울이고 남편의 얼굴이 부인의 거울이었다고 한다.

아침에 일어나서 부인의 얼굴이 환하게 웃으면 내 마음이 밝은 것이요 내 마음이 밝지 못하면 부인의 얼굴에 어두운 그림자가 비치는 것이다.

문명이 발달한 지금은 잠에서 깨자마자 각자 말없는 거울을 마주하고는 화장하기에 바쁘다. 화장한 얼굴은 마음을 읽기가 더욱 어렵다. 마음을 가려 놓고서는 내 마음을 알아주지 않는다고 서로 원망하는 건 아닌지 모른다.

생각 없는 거울 보지 말고 마음 있는 얼굴 보고 살면 좋을 듯싶다.

편목제비

편모슬하에 외동아들이 있었다.

어릴 때부터 예의 바르고 어머니를 지극정성으로 모셨기 때문에 효자로 널리 알려졌다. 그래서 귀한 집의 여인을 맞아 장가를 가고 때가 되어 첫째 아기가 태어났다. 태어난 아기는 엄마의 젖을 먹지 않고 울기만 했다. 아무리 젖을 먹이려고 애를 썼지만 먹지 않는 것이다. 귀한 아기가 태어나 며칠 동안 젖을 먹지 않고 울기만 하니 노모와 젊은 부부는 안절부절 어찌할 바를 모르고 있었다.

마침 이 집에 남루한 옷을 입은 노스님이 탁발하러 오셨다. 노모는 노스님의 소매를 붙잡으며 울면서 말했다.

"스님! 좀 도와주십시오!"

그리고 그간의 일을 설명했다. 노스님은 자기는 그런 능력이 없다고 사양을 하자 노모는 더욱 서럽게 울면서 애원했다.

"저 어린 생명이 무슨 죄가 있느냐?"

노스님은 노모의 정성에 감동하여 최선을 다해 보겠다며 안방으로 들어갔다. 그간의 사정을 확인하고는 노모에게 물 한 그릇을 청했다. 물이 들어오자 한 사발의 물을 다 마시고 또 한 그릇을 부탁했다. 스님은 그 물로 양손을 씻고 또 한 그릇의 물을 청했다. 물이 들어오자 노모와 남편에게 돌아앉으라고 했다.

그리고는 부인에게 젖가슴을 내놓으라고 했다. 부인은 부끄러움에 얼른 내놓지 못하자 노스님은 불호령을 내렸다.

"아기에게 젖을 먹이지 않으려는가?"

부인은 부끄러움에 어찌할 줄 몰라 하며 가슴을 내놓았다. 스님은 한 그릇의 물로 가슴을 씻도록 했다. 그런 후 노스님은 부인의 손을 잡고 부인의 젖가슴에 손을 얹고는

"이 손이 부끄러움을 씻어 내었으니, 생명을 살리는 젖이면 새 생명에게 젖을 주시오!"라며 부인의 젖가슴을 쓰다듬었다.

부인에게 이제 젖을 먹여보라 한다. 부인이 아기를 안고 젖을 먹이니 그때서야 아기가 젖을 먹기 시작했다.

아기는 젖이 나오지 않아 젖을 못 먹었던 것이 아니라 아기가 젖을 먹지 않으려고 거부한 것이었다. 왜냐하면 그 부인은 처녀 시절 어떤 남자에게 가슴을 더럽히고 결혼하여 아기를 낳자 그 아기는 더렵혀진 젖을 거부한 것이다. 노스님은 다름 아닌 지장보살께서 새 생명을 살리기 위해 나투하신 것이었다.

여인의 가슴은 새 생명의 녹이다. 그러므로 자기 자신의 일부지만 함부로 즐기는 대상이 아니고 그만큼 소중히 하여야 한다는 뜻이다.

수빈고와 약빈고

부처님께서 대중 앞에서 설법하실 때마다 그 말씀이 너무나 감미로웠다. 그래서 어떻게 하면 좀 더 가까이 다가가서 부처님의 말씀을 경청할 수 있을까? 또 부처님을 손으로 만져 보고도 싶다. 또 턱밑에 앉아 코에서 입에서 품어 나오는 향을 맡아 보려면 어떻게 하면 될까? 그렇다고 수많은 대중을 뚫고 나갈 수도 없다. 이 생각 저 생각 끝에 한 수보리는 한 생각을 하게 된다.

오늘은 저 강단 위에서 설법하셨으니 내일도 저 자리에서 설법하시겠지 생각하고 맨 앞자리에서 밤을 새워 기다렸다. 이튿날이 되자 오늘따라 부처님은 어제 설법하셨던 자리에서 하시는 것이 아니고 대중 한복판에 앉아서 하시는 것이 아닌가? 자신의 자리는 또 맨 뒷자리가 되니 부처님의 향을 맡을 수 없다.

이튿날 이 수보리는 어제 설법하신 곳에서 기다렸으나 오늘은 또 들어오시는 입구에 서서 설법하신다. 그 이튿날 또 마찬가지로 그랬다. 이 수보리는 부처님 곁에 자신이 가까이 가려 하면 할수록 더욱 멀어지는 느낌이 들고 한편으로 너무나 안타까워 애를 태운다.

이 수보리의 탐을 내는 마음을 부처님은 먼저 알고 계신 것이다. 부처님의 향을 맡아 보려는 그 탐과 그 애착이 그 수보리에게는 독이다. 부처님의 말씀과 향이 수보리의 그 독을 먼저 제독하느라 다 쓰였기 때문에 수보리는 부처님의 말씀에서 그 향을 맡을 수 없었던 것이다. 이것을 '수빈고'라 한다.

자신이 맑고 청정하면 멀리 앉아 있어도 그 향을 모두 느낄 수 있다. 이것을 '약빈고'라 한다. 부처님에게 잘 보이려고 독차지하려고 자신을 나타내려고 하는 그 마음의 독을 자신이 스스로 제거하면 부처님의 향을 느낄 수 있는 것이다. 그 독을 제거하지 않으면 자신에게만 해를 끼치는 것이 아니라 주위의 모두에게 해를 끼치는 어마어마한 독이 된다는 사실을 느껴야 할 것이다.

님은 세상의 님인 것으로 세상을 위하는 사람만이 그 향을 느낄 수 있는 것은 당연한 이치일 것이다.

담사와 수담사

관세음보살께서 '회말경(진법)'을 들고 시방삼세를 돌아보시다가 물 좋고 경치 좋은 어느 한 고을에 들어선다. 고을 입구에는 다음과 같은 팻말이 붙어 있었다.

"우리 고을을 찾아 주심을 진심으로 환영합니다."

이 고을은 경치도 좋고 물도 맑으니 한결 거리도 맑고 정말로 청량감이 도는 것 같다. 이 고을에서 살아가는 사람은 모두 다 밝은 마음으로 살겠지 하고 생각하시며 잠시 경치를 감상하고 계셨다.

어디선가 여인의 애끊는 울음소리가 들려왔다. 놀라 소리 나는 곳으로 가까이 가보니 여인은 슬피 우느라 관세음보살이 가까이 오신 것도 모른다. 한참을 기다려서야 울음을 그치자 묻는다.

"여인이여! 그대는 무슨 연유로 그리 슬피 우는가?"

여인은 한동안 서러움에 말을 못 하다가 관음보살의 따뜻하고 부드러운 말씀에 마음을 가라앉히며 하는 말이

"저는 시집을 온 이후로 이제까지 신랑은 날이면 날마다 밖으로 나돌면서 이 여자 저 여자를 건드려 말썽을 일으켰습니다. 여자는 또 얼마나 많은지 열 손가락으로도 다 헤아릴 수 없을 정도입니다. 어디 그뿐입니까? 어쩌다 남편이 일찍 집에 들어오면 괜히 그릇을 집어 던지고 화를 내고 하여 차라리 집에 들어오지 않는 편이 훨씬 좋겠다는 생각마저 듭니다.

거기다가 시어머니는 날마다 구박입니다. 남편이 바깥으로 나도는

것이 전부 제 탓이라며 '서방 하나 마음 맞추지 못하는 년!' 하면서 눈만 마주치면 손가락질에 욕을 하십니다. 그러자니 이 가슴에 설움이 얼음장처럼 자꾸 쌓여만 가니 사람도 만나기 싫고 동네에 나가면 모두 나를 두고 수군거리는 것 같아 그냥 이렇게 혼자 있는 것이 좋아졌습니다.

혼자 있으니 세상에서 나만 혼자 외롭고 슬프게 살아가는 것 같아 전생에 무슨 업장이 이리도 많아 이럴까 하는 생각입니다. 자식 하나 있는 것도 제 아버지가 하는 것처럼 밥을 주면 반찬이 뭐 이러느냐는 둥 밥상을 발로 차지를 않나 밥을 먹다가도 아무데나 뱉어 버리지 않나, 어쩌다 화가 나서 몇 대 쥐어박으면 할머니가 '저년이 얼마나 자식에 대한 정이 없으면 제 새끼 하나 거두질 못하고 저리 매질인고!' 라고 하며 저의 머리채를 쥐어 채는 것입니다."

한참을 이야기하던 여인은 다시 또 설움이 복받치는지 어깨를 들썩이며 다시 흐느낀다. 관음보살께서는 다시 여인의 마음이 가라앉기를 기다려 말씀하신다.

"그대는 이 세상에 제일 부럽고 갖고 싶은 것이 무언가?"

"우리 집에 다섯 식구가 있지만, 남편만 마음에 들면 더 이상 바랄 게 없습니다."

"그동안 그대는 남편을 어떻게 대했는가?"

"아무리 말리고 타일러도 말을 듣지 않았습니다. 한번은 묵인해주고 한번은 바가지 긁고 한번은 물로 퍼붓고......"

"그럴 때 남편은 어떻게 하던가?"

"타이를 때는 가슴으로 받아들이는 듯 하다가 바가지를 긁으니까 주먹이 돌아왔습니다."

"내가 남편을 돌아설 수 있도록 그 방법을 가르쳐 줄 테니 그대로 해 보겠느냐?"

"예! 꼭 지키겠습니다."

"그 남편을 처음 만났을 때의 마음으로 남편을 대하라! 절대로 화도 내지 말고 청정하고 부드러운 마음으로 일곱 번을 참고 견디어서 그래도 돌아오지 않으면 하늘을 원망하라!"

'회말경'이란 원인을 찾아내는 것을 말한다. 강한 끈으로는 물건을 묶을 수 없고 부드러운 끈이라야 묶을 수 있듯이 그 방편은 강하면 안 된다.

인간의 근본성은 맑고 깨끗하고 청정하다. 나에게 부족한 것이 있어서 바깥으로 도는 것이다. 그러나 맑고 청정한 마음이 변하지 않으면 감동이 되어 돌아온다. 보살의 마음에는 그것이 다 들어있다. 그것을 행하여 주고 가는 것이다.

여인은 부드럽게 묶을 수 있는 끈처럼 맑고 청정하고 유순하고 부드러워야 하며 그래야만 자신의 인연들을 보듬을 수 있다. 보살의 성(性)은 그 이상 그 이하도 아니다. 나와 인연이 된 가족부터 잘 받들어 주어야 한다.

모든 것을 다 버려도 한 가지는 남아 있다. 그것은 행하고 난 뒤 찾아오는 빛이다. 그러면 남편은 내 아내에게 보답하기 위하여 사회를 제도하려고 바깥으로 나선다. 여인은 나를 버리고 또 소홀히 하는 마음도 버리고 모두 버려야 하는 것이다.

처음 마음으로 하심(下心)하고 공경하면 상대도 그것에 답을 하게 되는 것이다. 내 그릇이 맑고 청정하면 소리가 나지 않는다. 자신이 바로 관음이고 대자비인 것이다. 다른 사람의 눈을 의식해 노력한 것은 행이 아니고 스스로 마음에서 우러나오는 행이 올바른 행이다.

'담사'란 자신의 할 일은 하지 않고 자신의 얼굴만 다듬는 것을 말하고 '수담사'란 자신에게 부족한 것이 무엇인가? 즉 인품 · 성품에서 부족한 부분을 찾아 그 부족한 부분을 자신이 행하고 가야 할 일이라는 것을 깨달아야 한다.

참된 보살성은 마치 홍수가 오면 많은 물을 가둘 수 있는 저수지처럼 세상을 껴안을 수 있어야 하는 것이다.

천성은 보살이지만 손(手)은 보살이 아니다.

작은 손 되고 오그라드는 손 되고 베푸는 손이 되지 않는다. 마음은 주어야지 하면서 손이 말을 듣지 않는다. 마음과 손이 똑같아야 하지만 마음과 손이 똑같지를 않다. 대체로 이런 마음이 우리들의 심성(心性)이다.

하루는 남편이 집안 분위기를 바꿔 보려고 향수를 한 병 샀다. 집안 구석구석에 향수를 뿌려 놓았다. 저녁이 되자 식구들이 한 사람 두 사람 모여들었다. 식구들이 들어올 때마다 '이것이 무슨 냄새냐?'고 할 뿐 그 향기가 좋다고 하지 않는다.

부인도 얼굴을 찡그리며 들어온다. 남편이 가만히 부인에게 향수를 뿌린다.

"저걸 어떡하나? 가장이란 사람이 기껏 들어와서 하는 일이 저 짓거리 밖에 할 것이 없냐?"

향수를 뿌려주나 즐겁기는커녕 도로 부인의 얼굴에는 근심이 가득하다.

주로 바깥에서 살아가는 가장은 녹(祿)을 만들어 온다. 그러니 부인이 남편에게 무엇이라도 해주어야 힘을 줄 수 있지 않을까? 그럼에도 불구하고 부인은 온통 자신만의 생각뿐이다.

어느 날 부인은 친구 집에 놀러갔다. 그 집 현관에 들어서니 현관에 다음과 같이 써 놓았다.

"님이 찾는 집은 님의 향기 가득하고, 님이 즐거우면 님의 얼굴만 봐도 반갑네!"

그 부인은 친구에게 "이것이 무슨 말이냐?"하고 물으니 '묘향'이란다.

이튿날 또 놀러 가니

"님이 고생하는 '성한수'는 우리 가족의 생명수요!"

삼일 째에도 가니

"님의 고생도 님의 고뇌도 이 집의 고생과 고뇌이고, 님이 느끼는 어떤 어려움 고난도 우리 모두 함께 느끼고 사오!"

부인은 놀러 갔던 그 친구 집에서 느낀 바가 있었다. 자기도 흉내를 내어 보았다.

"우리 님은 성냄도 화냄도 벗고 가니, 님의 성품 본받고자 나 여기 표하노라!"

– 사랑하는 당신의 아내가 –

남편은 밖에서 종일 언짢은 일과 피곤한 육신으로 매일 들어오곤 했다. 오늘도 역시 기분이 좋지 않아 언짢은 생각으로 집에 돌아오니 현관의 그 글을 읽고는 아내가 자기 마음을 알아주는 것 같아 짜증이 났던 마음이 눈 녹듯 녹아버렸다.

"여보! 어찌 내 마음을 알았소?"

세상을 구하러 갔던 님은
내 마음 알아주는 님이고
내 님은 여기 인연된 가족이고
가정도 살리고 국가도 살린다.

미타천에서 수많은 세월 동안 참된 보살성을 모두 배우고 익혔다. 우리는 그것을 재현하려고 이 세상에 육신을 받아 온 것이다.

님과 함께라면 그 향기가 있어야 당연하다. 그것이 '성향'이다.

여인의 아름다움이란 외모가 아니라 내면의 성(性)이다. 마음에서 풍겨 나오는 향이 참 아름다움이요 그 향으로 눈빛이 달라지니 얼굴이 달라진다. 밝은 얼굴로 또 건강한 손으로 가족을 건사했을 때 가족들도 밝아진다. 가정이 살아야 사회가 살고 나아가 국가가 살고 우리 모두가 사는 것이다. 부인의 보살성의 향이 모두를 살리니 이것이 곧 방생이다. 변천과 개화가 반복된다. 이것이 바로 칠보 보석이다.

우리는 부처님이 제도하고 불보살이 제도하는 것으로 알고 있다.

그것이 아니다. 내가 불보살이고 자신이 보살의 행을 할 때 모든 불보살이 나에게 나투되는 것이다.

방편과 제도 또한 나 자신에게 있다는 것이다. 자신이 보살행을 할 때 '원신력', '보신력'과 '해신력'이 나투되는 것이다. 그리하여 나의 가족뿐만 아니라 나의 인연들을 제도하고, 인연을 이끌어 주었을 때 비로소 장엄한 탑이 완성되는 것이다.

향목성: 자신을 깨닫고 바르게 실천한 사람, 결과의 향기
성한수: 세상을 위해 일하는 사람의 육신이 흘리는 땀
원신력: 원하는 바를 도와주는 힘
보신력: 원하는 바를 도와 줄 수 있는 인연을 닿게 해주는 힘
해신력: 모자라는 부분을 해결해주는 힘

詩 님 4 / 원종

참으로 부르고 싶은 이름이다
허나,
소리쳐 불러도 둘러보아도
메아리만 목 메일 뿐

먹이를 기다리는 새처럼
하늘을 보고 지저귀지만
님의 낌새를 나는 몰라라

어미에게 다가서려는 어린 사자처럼
울부짖으며 몸부림치지만
님의 향을 나는 몰라라

아픔만 주는 님이 어디 있으리오
도리어 가슴 터지는 님의 아픔이
내 마음 일깨우는 님의 노래가 아닐는지요!

9. 욕심慾心과 고집固執

· 초육조
· 지게꾼과 수레꾼
· 소말죽토
· 쪽박과 함박
· 다포심

9.
욕심欲心 과 고집固執

어느 정도 나이를 먹은 사람들이 많이 쓰고 듣는 말 중에 하나가 '욕심이 많다' '욕심을 버려라' 라는 말일 것이다. 욕심이 많다는 것은 의미대로 단순한 상대 평가적인 말이다.

'욕심을 버려라'라는 말은 '욕심이 많다'라는 말과는 달리 어느 정도 절대적인 의미를 담고 있는 듯하다. 이 세상에 태어난 생명의 본능적인 삶의 행위는 대체로 이 세상을 살아가는 모든 사람이 욕심이 많다는 쪽에 속할 것이다. 이는 가히 절대적인 평가라고 할 수 있을 것 같다. 어쨌든 이 욕심이란 말의 전체적인 이미지는 '나쁘다'라는 부정적인 뜻으로 경계해야 할 말로 보인다.

욕심이란 말이 과연 나쁜 뜻만 있을까?

자선(慈善)의 뜻인 베푸는 일에 '욕심을 부려보자'라든지 '좋은 일 하는 데 욕심을 부려보자'라는 말에서는 결코 욕심이란 말이 나쁘게 보이지 않는다. 한 걸음 더 나아가 '한계에 이르는 데까지'라는 뜻의 '한껏'이란 말을 붙여보자. '베푸는 일에 한껏 욕심을 부려보자' 또 '좋은 일을 하는 데 한껏 욕심을 부려보자'라고 표현했을 때 오히려 '욕심'이란 말이 더욱 좋은 말로 보이고 정겹게 들리기까지 한다.

또한 이런 종류의 부정적으로 사용되는 고집(固執)이란 말도 있다.

욕심 대신에 고집을 넣어 표현해보면 부드럽고 괜찮아 보인다. '좋은 일에 한껏 고집을 부려보자' 또 '베푸는 일에 한껏 고집을 부려보자'고 했을 때 도리어 좋은 말의 뜻인 소신(所信)으로 느껴지기도 한다.

이와 같이 우리의 일상에서 무심코 사용하는 욕심이나 고집이란 단어를 어느 방향으로 사용하느냐에 따라 지옥과 극락으로 갈라지는 것 같다.

이런 의미에서 욕심과 고집은 버려야 할 몹쓸 부정적인 말이 아니라 사용 방향에 따라 오히려 더욱 지키고 가꾸어 주위의 많은 사람이 동참할 수 있도록 오히려 활성화 시켜야 할 덕목인 것 같다.

'나' 자신만을 이롭게 할 것이 아니라 나의 가족을 위하고 이웃, 친구나 다른 사람을 위해 베풂에 반어법(反語法)으로 욕심과 고집을 부려보자. 나아가 세상을 위해 자선을 베풂에 지나칠 정도로 욕심과 고집을 가져보자. 이렇게 살아갈 때 자신도 모르는 사이 진리를 실천하는 사람으로 성불의 길로 들어선 변모되어 가는 자신을 스스로 느낄 수 있을 것이다.

부정적인 삶 즉 자신만 이롭게 하거나 자신의 안위만 도모하는 생각과 행동은 지옥의 문을 열어가는 것이요!

긍정적인 삶 즉 남을 배려하거나 자선을 베풀거나 세상을 이롭게 하는 삶은 극락의 문으로 들어서는 것이다. 지극히 평범한 욕심과 고집이란 말이 마치 성불의 잣대인 것 같다.

초육조

세상에서 가장 편안하게 생활하면서도 거기에다 욕심도 많고 고집도 세고 자기 기분대로 살아가는 사람이 있었다. 그 정도가 심해져 다른 사람들에게 끼치는 피해와 고통은 날로 심하여 어떤 조치를 취하지 않으면 안 될 정도로 심각했다.

하루는 부처님께서 직접 방문하여 죄와 벌을 논하게 되었다.

"그대는 왜 자기 생각만 하고 타인은 전혀 배려하지 않는가?"

"남을 배려하면 뭐 합니까? 배려한다고 마음고생을 하느니 차라리 내 편한 생각으로 생활하면 되지요!"

"그대가 자신의 할 일을 하지 않으면 주위의 인연들이 피해를 받는데도?"

"저만 편하면 되었지 다른 사람은 알 것 없습니다!"

"그대의 복록 이상을 욕심내면 남의 것을 빼앗는 것이 되잖아?"

"제가 욕심을 부려서 제 것이 되면 그것은 제 것이고 다른 사람의 복록을 빼앗는 것이 아닙니다!"

부처님께서 아무리 일깨워 주려고 노력을 하였으나 그야말로 막무가내였다.

"그대 이름이 무언지 아는가?"

"모릅니다."

"그대 이름이 '초육조'야! 그대 이름의 뜻을 알겠는가?"

“모릅니다.”

“그대가 욕심이 많고 고집 세고 기분대로 살아간다는 뜻이야! 그만 하면 할 만큼 해보았으니 이제 본래의 할 일을 하게나!”

“이렇게 살아보니 편하고 좋은데 그럴 이유가 없을 것 같습니다!”

부처님께서 잠시 생각에 잠긴 듯

“그대는 정말로 편하게 살고 싶은가?”

“예!”

“그래! 그렇게 한세상 살아 보게나! 만약 살아보고 어렵거들랑 나를 찾아오게!”

이렇게 하여 이 세상에 다시 태어나게 되었다.

어릴 때부터 자기 원하는 대로, 하고 싶은 대로 생활하면서 세월과 더불어 어느덧 결혼도 하고 자식도 태어났다.

부모가 되자 자식이 원하는 대로 다 해준다. 자신이 그렇게 살아왔기 때문에 자식도 그렇게 살아가는 것이 더욱 좋아 보인다. 그 자식은 자라면서 점점 더 규모가 크고 더 많은 것을 요구한다.

그것을 충족시켜 줄 수 있는 부모는 ‘아따! 그놈 통 크다!’라고 하면서 도리어 대견스러워 보이기까지 한다. 자라나는 자식의 그릇에다가 부모의 그릇을 보태니 자식의 그릇은 부모의 그릇보다 몇 배 더 큰 그릇으로 부모가 만들어 주었다.

어느새 세월이 흘러 자식의 그릇이 얼마나 컸던지 부모가 십 년이 걸려 이루어 놓은 부(富)를 일 년도 안 되어 쏟아 버린다. 점점 늙어가는 부모는 자식이 갓 스물을 넘겼는데도 마침내 감당할 수 없었다. 아무리 주어도 자식은 '고맙다거나 이젠 됐습니다'라는 대답이 없다.

지칠 대로 지친 부모는 물질이란 물질은 다 털려버리고 육신밖에 없을 때가 되어서야 자신의 과거를 돌이켜보며 회향(回向)을 하게 된다. 그동안 잃어버린 아니 잊어버리고 있었던 자신을 찾기 시작한다.

끝없는 회한과 더불어 자신을 좀 더 일찍 일깨워 주지 않은 부처님을 원망도 해본다. 일찍 육신이 빛을 보았으면 고행이 없었을 텐데도 불구하고 세상의 증명을 보고도 느끼지도 믿지도 않고 자신의 아집만 자꾸 키워갔다.

중생은 대체로 더 이상 잃을래야 잃을 것이 없는 상황이 되어서야 그때 비로소 항복하게 된다.

'초육조'란 어리석은 육신은 온갖 고난과 고행을 겪고 나서야 비로소 깨닫게 된다는 뜻이다.

고집이 센 사람이 있었다.

그의 스승은 '사람은 세상을 혼자 살아가는 것이 아니고 고통도 즐거움도 나누어 가며 함께 살아가는 것'이라고 가르쳤다. 그러나 아무리 가르치고 타일러도 자기 자신만의 안위만 생각하는 삶을 살아간다. 그러면 그럴수록 더욱 옹고집이 되는 것이다.

어느 날 스승은 제자에게 소와 말과 수레를 주면서 말한다.

"저 대나무밭을 지나가 보라!"

그렇게 하여 제자는 이 세상에서 온갖 고통과 고난 속에 살아간다. 하는 일마다 막히고 앞으로는 도저히 나아갈 수 없다. 그러자니 눈물과 고통뿐이다. 소와 말과 수레가 대나무밭을 지나갈 수 있겠는가?

이것을 "인과보"라고 한다. 소와 말과 수레는 오도 가도 못할 뿐 아니라 자신마저 그 대밭 속에서 갇혀 죽어버릴지 모른다.

소와 말과 수레를 모두 놓아두고 홀몸으로 대나무밭을 빠져 나와야 한다. 아무리 울창한 대나무 밭이라 하더라도 내 한 몸은 빠져나올 수 있는 공간이 있기 마련이다.

소와 말과 수레는 욕심을 의미한다. 욕심으로 인해 스스로 고난의 숲에 빠지기 때문에 더불어 살아가는 세상에서 특히 자신의 안위만 생각하는 나쁜 욕심을 버려야 한다는 것이다.

다포심

문수보살께서 여러 수보리들과 함께 이런저런 얘기를 나누고 있었다. 맑고 청정한 한 수보리가 일어나서 묻는다.

"보살님! 보살님께서는 아름다운 산과 계곡 그리고 아름다운 집 등등 세상살이에 필요한 모든 것을 골고루 갖추고 있으신가요?"

"그래! 수보리야! 이 세상에서 내가 갖고 싶은 것은 모두 갖고 있지!"

"얼마만큼이나 갖고 계세요?"

"수보리들아! 오늘 이 방안에 이렇게 많이 모여 있으니 덥지 않느냐? 그러니 다 같이 상의를 하나 벗도록 하자구나!"

모든 수보리가 옷을 벗는다. 자기 옆에 가지런히 놓아두는 것을 보고 말씀을 하신다.

"각자가 자기 옆에 놓아둔 그 옷을 한번 보아라! 그것이 짐이다! 여러분들이 추워서 그 옷을 입고 있을 때는 짐으로 느껴지지 않지만 더워서 벗어두면 그렇게 짐이 되는 것이다. 그대들이 벗어 놓은 그 옷들은 한때 자신의 눈에 최고로 멋있고 아름답고 보기 좋아 또 자신에게는 가장 잘 어울린다고 하여 선택했던 옷들이다. 그러나 그렇게 좋아해서 입고 다니던 그 옷도 춥거나 더운 때에 따라 짐이 된다는 사실을 알아야 한다. 모두 좋아하는 세상에서 제일 좋은 것 아름다운 풍경 갖고 싶은 물건들......, 그 모든 것들은 '나' 또한 갖고 싶고 아니 이미 갖고 있다. 그러나 그렇게 많은 것을 다 갖고 다닐 수는 없다. 벗어 놓은 옷조차 짐이 되는 마당에 그래서 나는 나의 마음속에 갖고 다닌다. 이 마음에는 세상의 아름다운 것은 모두, 갖고 싶은 것 모두 넣어 다니다가 보고 싶을 때 내어 보기도 한단다. 이렇게 하면 무거울 것이 없다"라고 하셨다.

욕심과 애욕으로 또 자신의 집착에 쌓여 살다 보면 무거운 짐이 되기 마련이다. 소중하고 아름다운 것은 마음에 묻어두고 살면 된다.

지혜를 가진 사람, 생각이 밝은 사람, 미래를 추구하는 사람의 마음은 '다포심'이란 법을 깨닫게 된다. 우주 만물의 존귀함이 있다는 그 자체 즉 본래의 모습을 '다포심학'이라 한다.

'다포'라는 말은 마음에 넣어 두는 것을 뜻하고 그런 마음을 통제할 수 있을 때 '다포심'이라 한다.

지게꾼과 수레꾼

지게꾼은 지게에다 개나리 봇짐만한 짐을 지고 길을 간다.

수레꾼은 수레에다 먹을 것 입을 것 등 각종 금은보화를 가득 싣고는 손수 수레를 끌고 간다.

두 사람은 서역을 가는 길에서 만나 동행을 하게 되었다.

수레꾼이 지게꾼을 보고 걱정스러운 말투로 묻는다.

"서역까지 가는데 짐이 그것밖에 안되느냐? 그런 적은 짐으로 어떻게 서역까지 갈 수 있겠느냐?" 그러자 지게꾼은

"무슨 짐이 그렇게 많으냐?"라며 도리어 혀를 끌끌 찬다.

두 사람은 말다툼을 하다가 결론이 나지 않자 마주 오는 다른 사람에게 누가 옳은지 물어보기로 했다. 마주 오는 사람들에게 물어본 결과 대부분의 사람들이 수레꾼이 옳다고 하니 지게꾼은 할 말을 잃었다. 지게꾼은 내심으로 이게 아닌데 하면서도 확실하게 무어라고 단정적으로 이야기할 수 없었다.

얼마 가지 않아 산길로 접어들었다.

지게꾼은 오솔길을 따라 쉬엄쉬엄 걸어 올라간다. 정상에 올라 땀을 식히고 있노라니 수레꾼은 봇짐 하나를 등에 메고 땀을 뻘뻘 흘리면서 올라왔다. 지게꾼 옆에다 얼른 놓고는 쏜살같이 산 아래로 뛰어내려갔다.

오래되지 않아 수레꾼은 또 등짐을 메고 올라왔다. 수레꾼은 산 위에 올라오니 산 아래 수레위에 있는 짐이 걱정이요, 산 아래 내려가니

산 위에 있는 짐을 지게꾼이 가져갈까 걱정이라 잠시도 쉴 틈이 없다. 또 한 개의 짐을 메고 올라왔다.

"여보시오! 이 어리석은 인간아! 수레는 지고 올 수 없잖은가!"

지게꾼의 고함 소리를 수레꾼은 들었는지 못 들었는지 빈 메아리만 돌아오고 있었다.

아마 지금도 수레꾼은 짐을 나르고 있을 것이다.

수레가 편하다고 짐을 더욱 많이 실었을 것이고 그 많은 짐은 인생 여정에서 도리어 짐이 된다는 것을 말한 것이다. 대부분의 사람이 살아가는 실상이 이러하다. 지게꾼은 자신이 짊어지고 가는 짐으로도 충분하다고 생각한 것이다. 왜냐하면 서역으로 가는 길에는 행(行)을 하면 곳곳마다 녹이 있다는 사실을 지게꾼은 알고 있었다. 자신이 가져온 복이 아무리 많다 하더라도 실천하지 않으면 록(祿)이 되지 않고 실천하고 나서야 비로소 자신의 록이 되어 자신에게 온다는 것이다.

쪽박과 함박

경치가 아주 좋은 높은 산이 있었다. 병풍처럼 둘러싸인 주위 경관은 아름답고 수려하여 산을 좋아하는 많은 사람이 즐겨 찾았다. 이 산의 정상을 향해 올라가다 보면 쉬어 가야겠다고 생각되는 곳에는 어김없이 옹달샘이 있었다. 이런 쉼터가 정상을 오르는 동안 일곱 군데나 있었다. 쉼터는 오르는 사람들의 몸이 지칠 때 즈음 나타나는 거리에 있었으며 주위의 경치 또한 빼어났다. 그래서인지 이 산을 한번 올라본 사람이나 산 입구에 있는 안내판에도 등산길 따라 곳곳에 옹달샘이 있어서 굳이 물을 갖고 갈 필요가 없다고 쓰여 있었다.

어느 날 아주 먼 곳에서 이 산이 아름답다는 소문을 듣고 한 사람이 찾아 왔다. 다른 사람들과 함께 산길을 따라 오르다 보니 정말로 쉬어갈만한 곳에는 꼭 옹달샘이 있었다. 옹달샘을 찾아가는 안내판 밑에는 쪽박과 함박이 많이 걸려있었다. 사람들은 우르르 몰려가서 모두 쪽박을 하나씩 들고 옹달샘이 있는 쪽으로 찾아갔다. 물을 마신 후 돌아오면서 모두들 물맛이 참 좋다고 얘기했다.

둘째 셋째 쉬어가는 곳에서도 모두들 쪽박을 들고 옹달샘을 찾아가서 물을 먹고 오는 길에는 '물맛이 참으로 좋다!'라고 한다. 이 산의 옹달샘은 누가 일부러 만들어 놓은 것 같이 묘하다고 다들 감탄을 한다.

넷째 다섯째 여섯째 쉬어가는 곳에서는 옹달샘에 가면서 한 두 사람이 함박을 들고 간다. 함박으로 물을 조금씩 떠서 마셔본다. 그리고 돌아오는 길에 안내판 뒤를 보니 '함박의 물을 다 마실 수 있었느냐?' 라고 묻고 있었다.

드디어 정상에 올라선 사람들은 모두 목이 말라 옹달샘부터 찾아갔다. 다른 사람들은 모두들 쪽박을 들고 가는데 건장한 체격의 한 사람이 땀을 뻘뻘 흘리며 허겁지겁 오더니 함박을 들고 간다. 함박을 들고 남들보다 먼저 먹으려고 뛰어가서는 옹달샘의 물을 한껏 퍼 올리다 돌과 모래와 흙이 뒤섞이며 그만 흙탕물이 되어 버렸다. 자신이 함박으로 한껏 퍼 올린 물조차 흙탕물이라 마실 수 없었다. 물을 버리고 다시 퍼 담으려니 이미 옹달샘은 온통 흙탕물이 되어 있었다.

뒤에 서서 차례를 기다리던 모든 사람이 흙탕물이 된 옹달샘을 보고는 물을 먹을 수 없게 되자 정상까지 올라와서 물을 마시지 못하다니……, 모두들 허탈해하며 그를 원망하는 마음뿐이다. 그러나 사람들은 그 사람의 겉모습에 기가 질려 두려움에 감히 말도 하지 못했다.

그 모습을 지켜본 백발노인이 점잖게 호통을 치셨다.

"사람은 쪽박의 물도 다 못 마신다. 함박을 든 사람은 욕심이 많은 사람이다. 진정 자기 육신을 생각하면 쪽박을 들 것이고 자기 육신을 생각하지 못하면 함박을 들고 나선다. 정상의 옹달샘이 더렵혀지면 이 흙탕물은 산 아래까지 흘러간다. 이 순간부터 산 아래에서 올라오는 모든 사람은 흙탕물이라 마실 수 없다. 여러분의 분별력은 저 사람을 보고도 깨닫지 못하겠느냐?"

함박은 욕심이 많은 사람이나 한탕주의를 꿈꾸는 사람이다. 함박으로 물을 퍼 담으려면 힘도 많이 든다. 한껏 물을 퍼 보지만 자신의 것도 아니 되고 샘물만 더럽힌다. 쪽박은 부지런한 사람이나 선량한 서민을 말한다. 쪽박으로는 샘물을 아무리 길러도 샘물을 더럽히지도 않으면서 자신도 먹고 또 산 아래로 아래로 맑은 물이 끝없이 흘러가면서 모든 생명(후세)을 방생하고 있는 것이다.

10. 세월의 꽃은 어떻게 필까? - 실천 實踐

10.
세월의 꽃은 어떻게 필까? - 실천實踐

세상의 모든 꽃은 절로 피지만 세월의 꽃은 어떻게 필까?

실천이란 말은 생각한 것을 실제로 행하는 것을 뜻한다. 그런데 이 한마디를 행동으로 옮기기가 그리 간단치 않는 모양이다. 왜냐하면 '작심삼일(作心三日)'이란 말이 버젓이 존재한다는 것만 봐도 짐작할 수 있기 때문이다.

어쨌든 실천은 어려운 것이다. 마음의 결심만 하면 무엇이든 이룰 수 있겠지만 그 결심을 실천하여 이루면 얼마나 좋을까? 그러나 실천하지 않으면 아무것도 이룰 수 없다는 것이 확실한데도 그러질 못하는 사람들을 보면 안타까운 마음이다.

실천(實踐)의 한자 實은 열매 실로서 열매, 가득차다, 익다, 곡식이 익다 등의 뜻이다. 踐은 밟을 천으로 밟다, 걷다, 실천하다, 지키다 등의 뜻으로 해석한다. 이를 바탕으로 실천을 한자로 풀이하면 나무는 봄에 꽃을 피워 가을이 되어 열매가 익을 때까지 쉬지 않고 물을 길어 올리는 실천 끝에 익는다는 뜻이다. 다시 말해 인간에게 실천이란 자신의 마음이 결심한 바를 결과가 나올 때까지 끊임없는 노력을 다하는 것이라고 할 수 있을 것이다.

어느 날 부처님께서 지금쯤 '천년난(천년의 세월이 흘러야 꽃이 피는 난)'의 향기가 나야 하는데 향기가 나지 않으니 이상하다는 생각이 문득 들었다. 그리하여 관리하는 사람들을 불러 원인을 추적하기 시작했다.

원인을 밝혀보니 997년째 관리하던 담당자가 겨울이 되자 난이 얼어 죽을까봐 따뜻한 방안으로 들여놓았다. 그래서 그 '천년난'은 겨울이 온 줄도 모르고 계속 잠들어 있었다. 겨울이 왔음에도 불구하고 잠들어 있었으니 자신의 할 일 즉 겨울 동안 한 해의 매듭을 만들지 못한 것이다. 그래서 천년의 세월을 맞이하였으나 자신의 할 일을 채우지 못해 꽃을 피우지 못한 것이었다.

이와 같이 천년의 세월이 흘렀지만 한 해의 실수로 꽃을 피우지 못한 '천년난'처럼 우리들의 삶에서나 성불의 길에서도 조그만 실수나 자신의 나태함으로 인해 삶의 목표를 이루지 못하거나 성불을 이루지 못하지나 않을까 염려스럽다.

옛 속담에 '천리 길도 한 걸음부터'라는 말이 있다.

이 속담은 아무리 큰일도 작은 일로부터 시작된다는 뜻이지만 한 걸음이라도 모자라면 천리 길이 되지 못한다고 해석하고 싶다. 왜냐하면 성불의 길은 한 걸음이라도 모자라면 이룰 수 없고 누가 대신 채워줄 수도 없기 때문이다.

누구나 세월의 나이를 먹는다. 바르게 실천하지 않거나 자신만을 이롭게 살아온 사람도, 세상을 이롭게 하기 위하여 열심히 실천한 사람도 똑같이 세월의 나이를 먹는다.

그러나 실천한 세월의 나이를 먹기란 쉽지 않다. 실천한 세월의 나이란 자신만을 이롭게 하는 세월이 아니고 나무가 열매를 달 듯 좋은 일, 베푸는 일, 세상을 이롭게 하는 일로 세상이란 나무를 가꾸어가는 세월을 말한다.

이렇게 세상 나무를 가꾸는 실천을 세월 따라 하다 보면 천년을 지나 꽃피우는 난처럼 실천한 세월의 꽃을 피울 수 있으리라! 세상이란 나무에 정성을 다해 실천으로 피워 올린 세월, 세월의 꽃이라 부르고 싶다.

세상은 성불(成佛)로서 화답한다.

부처님의 설법 1

부처님께서 설법을 하러 나서자 수행하며 준비하는 사람들이 바쁘다. 이 동네 저 동네 연락을 취하고 뛰어다니면서 사람들에게 부처님께서 설법을 하시니 모두 모여서 생명의 실상과 환희를 느껴보라고 알린다.

한 아낙네가 개울가에서 빨래하고 있었다. 여러 사람이 부처님 설법을 들으러 오라고 큰 소리로 외치는 데도 뒤도 돌아보지 않고 계속 빨래만 하고 있다.

"여보시오! 여보시오!" 아낙네를 부른다.

"여기 오라는 소리 듣지 못했소?"

"그 무슨 말이요?" 하고 아낙네가 다시 묻자,

"부처님 얼굴만 봐도 삼천 대천 세계의 빛을 본답니다."

"나는 이 세상에서 그런 얘기는 들어 본 적도 없소. 그러나 우리 집에는 일곱 부처가 있소!"라고 아낙네가 답하자 불렀던 사람이 멍해진다.

"우주법계의 부처님은 어떤지 몰라도 우리 집 일곱 부처는 나를 밝혀주는 빛이오! 여기 우리 집 부처님이 여러 가지 색깔의 벗어 놓은 옷이 있소. 이 속옷은 우리 남편의 것이고 이 노랑 바지는 막내아들의 것이고 이 시커먼 윗옷은 큰 아들 것이오."

보다 못한 수행자는 부처님께 일러바친다.

"저렇게 방자한 사람이 있습니까? 부처님! 저런 사람에게는 벌을 내리셔야죠?"

"저것이 '록약법상'이다."

"부처님! 왜 '록약법상'입니까?"
"그대는 그 눈으로 보고도 모르느냐?"
수행자는 합장을 하면서 다시 '록약법상'의 설법을 부탁한다.

이 세상에는 각자가 맡은 일과 행이 있다. 그것을 끝없이 '무상제행'하는 것이다. '무상(無常)'이란 한없이 보여주는 저 보살의 모습이고 '제행(諸行)'은 한없이 행하고 제도하는 것이다. 저 보살과 같이 각자가 한 사람씩 제도할 때 이 세상은 연화천이 된다. 저분은 관음보살이 나투한 것이다. 내가 그동안 수많은 설법을 하였어도 여러분은 아무것도 행한 것이 없었다. 저 보살의 행을 보고 또 관음보살의 나투를 보고서도 여러분은 아무것도 느끼지 못했는가? 여러분 모두가 성불을 이룰 때 이 세상도 극락이 되는 것이다. 여러분에게 무량법을 모두 내놓아도 자신이 청정법신이 되지 않으면 안 된다. 자신이 청정법신이 되어야 느끼고 행할 수 있다. 자신의 청정심이 낮을 때는 하루에도 수천 번을 희로애락에 빠져 들지만 자신의 법신(法身)이 높으면 흔들림이 없다. 우리가 이 세상에 태어난 목적이 무엇인가? 우리는 자신들의 어리석음으로 세상을 어둡게 하려고 온 것이 아니라 세상을 밝히려고 왔다.

한 수보리가 부처님께 묻는다.
"부처님 말씀이 너무 미묘하고 너무나 거룩했습니다. 제가 한 말씀 여쭙고 싶은 것은 긴 시간의 설법을 하셨지만 저는 부처님 말씀에 취해 설법의 요지가 어디에 있는지 분간을 못하겠습니다."

부처님께서는 그 수보리를 나무라지 않으시고
"내가 설법을 하는 동안 그대는 졸고 있었으나 그대를 깨우질 못했어! 당장 집에 가서 한 가지만 지키고 행하라!"

관음보살께서 법단에 앉아 설법을 하시려다 말고는 한 여인의 얼굴을 만지시고 또 한 남자의 손발을 들고 계신다.

저것이 무슨 뜻일까?

모든 대중이 무슨 설법일까? 하고 궁금했다. 그 대중 속에서 한 수보리가 일어나서는

"여래시여! 설법을 좀 해주십시오!"라고 청한다.

"모든 수보리가 이 자리에서 보고 듣고 느끼고 있는데도 나의 설법을 모르겠느냐?"

"모르겠습니다."

"그러면 내가 하는 설법이 들리느냐?"하니까 모두들 그대로 앉아 있다. 그러자 하시는 말씀이

"이 사람의 얼굴을 보면 이 사람에게도 똑같이 세월을 맞이하고 세월을 보냈다. 이 얼굴과 나의 얼굴이 어디가 다른가?"라고 하신다.

모두들 묵묵부답이다.

"이 여인의 얼굴 모습과 나의 모습이 어디가 다른가 하면 사람의 형상으로만 보면 머리부터 발끝까지 다들 이러한 부처머리요 눈이요 코요 이마요 입술이요 턱이요 모두 똑같다. 이래도 모르겠느냐?" 라고 다시 물으신다.

"이 여인의 얼굴과 나의 얼굴이 같다. 그런데 왜 나를 보고는 여기 모인 모든 대중이 여래의 보살상이라고 하면서 여기 있는 이 여인에게는 보살이라고 부르지 않느냐? 나와 전혀 다를 바 없노라. 이 여인이

이 세상에서 한 세월 동안 사람의 길을 걸어오면서 생활의 법도를 세상에 가르치고 보인 것이 바로 내가 오늘 대중 앞에 서서 설법하는 것과 다를 것이 없다. 이 여인이 배고프고 허기지고 어렵고 힘든 과정을 참고 견디며 살아온 이치가 세월을 가르쳐 주었고 세월을 증명해 주었고 세월의 학문을 심어 주었는데도 불구하고 더 어떤 설법이 필요하냐? 이 사람을 모르는 사람은 하단에 앉고 이 사람의 얼굴을 아는 사람은 모두 일어나시오."하니 모두들 일어선다.

"그대들은 앞으로 이 사람의 이름을 불러라. 나의 이름을 부를 필요가 있겠느냐?"

그 여인의 한 세를 살아온 진실한 삶의 과정이 곧 보살성이요 보살상인데 멀리 있는 관음보살의 명호를 부를 것이 아니라 그 여인의 이름을 부르라는 말씀이다. 모든 사람이 그 여인의 삶처럼 살았을 때 내 자신이 곧 보살이고 보살상인데 어디서 관음보살을 찾을 것인가 하는 것이다.

또 손과 발을 들고 있는 처사를 보고

"이 사람을 아는 사람이 있느냐?" 라고 하니 다들 고개를 숙인다.

"놀음쟁이 바람쟁이 주정뱅이……, 시간만 나면 틈만 생기면 세월을 더럽히고 온 이 손과 발을 가진 이 사람에게서 배울 것이 있느냐?" 라고 하시니 다들 대답이 없다.

"이 손과 발이야말로 이 세상에서 땅에 붙이고 있어서는 안 될 육신이었기 때문에 내가 손과 발을 들고 있노라. 저 여인이 한세상을 살아온 것은 바로 완성의 빛이요 이 남자가 저지른 것은 도리어 세상을 어지럽혔다. 사람됨을 보여주지 못했으니 사람의 육신을 받은 그 자체가 부끄러운 것이다. 이렇게 세상을 탁하게 하고 더럽게 하고 나쁘게 하고 살았는데도 여러분들은 이 사람을 보고 사람이라고 그 이름을 불러주었다.

사람이라고 그 이름을 불러준다면 여래의 명호를 부르는 것과 무엇이 다를 바가 있는가? 이제까지 사람으로 대접해준 것만 해도 또 이제까지 사람다운 사람이라고 세상이 이 사람의 얼굴을 그대로 비쳐준 것만 해도 자비가 아닌가? 이것을 보고도 관음보살의 대자대비가 없었다고 하겠는가?

온 우주 상주시방세가 자비의 공(空)이라 설하고 있음에도 불구하고 설법이 없었다고 하면 말이 되겠는가? 한 시간 두 시간 열 시간 백 시간을 설법한들 무슨 소용이 있겠는가? 그래도 벌하지 아니하고 사람으로 생각해서 그 이름을 불러준 것이 자비가 아니겠는가?"

설법이 끝나자 모든 대중은 그제야 이 세상에서 사람의 생명을 받고 사람의 육신을 받고 태어난 이치를 배워가는 것이다.

아방사와 선방사

부처님께서 길을 가고 있었다. 앞에 가는 스님을 보니 눈이 부시도록 훤하게 잘생긴 모습이다. 의복도 산뜻한 새 옷을 차려입고 길을 가고 있었다. 부처님께서는 잘생긴 스님의 뒤를 계속 따라갔다. 아주 큰 절에서 신도들이 많이 모여 법회를 열고 있었다. 이 스님의 이름이 '아방사'이다.

법회를 마치자마자 한 수보리가 일어나서 묻는다.

"스님! 우리 집의 소가 오늘 아침에 송아지를 낳았습니다. 그런데 몸과 다리만 있고 머리가 없는데 어떻게 된 사연입니까?"

그 말을 들은 스님은 말문이 막혀 할 말이 없었다. 또 너무나 기이한 일이라 어쩔 줄 모르고 있다. 그때 법회에 참석해 있던 나투한 문수사리동자가 그 수보리를 보고 마음속으로 '그 집 송아지 머리는 여기 있는 스님이다!'라고 말을 할까 말까 망설이고 있었다. 어느새 그 수보리가 앞으로 나와서는

"우리 집 송아지 머리가 여기 있네!"라고 하면서 그 스님의 머리를 와락 껴안는다. 그 법회에 참석해 있던 많은 신도들은 모두 놀라서 수군거리고 있었다.

한편 다 떨어진 남루한 옷을 입고 머리도 깎지 않아 덥수룩한 모습으로 집집마다 하루 종일 돌아다니던 '선방사'는 저녁 법회에 늦겠다 싶어 허겁지겁 달려와서 계단을 오르고 있었다. 그때 신도들이 계단을 내려오면서 수군거리는 소리를 들었다.

"우리 큰 스님 큰일 났네!"

그 소리를 들은 '선방사'가

"다리도 없고 몸도 없고 머리만 있는 사람이 큰 스님이 아닐세!"

그러자 신도 한 사람이 '선방사' 앞에 넙죽 엎드리며 삼배를 하고 나서는

"해지기 전에 스님을 뵙게 되어 천만다행입니다!"라면서 기쁜 표정을 감추지 않았다. 그 수보리는 물론 부처님께서 나투한 것이다.

해지기 전이란 말은 이 몸이 다 늙어 죽기 전이란 의미이다.

머리만 있고 다리도 몸도 없다는 것은 생명은 있어도 존재가 없는 즉 자신의 실체의 상(象)을 나타내지 못하는 사람을 말한다.

아방사: 실천은 없고 형상만 쫓는 사람.

선방사: 실천하는 사람.

남의 그릇된 점만 보면 잠시도 가만있지를 못하고, 다른 사람이 해놓은 것을 보면 항상 못마땅해서 헐뜯고 하면서도 자신이 한 조그마한 일은 만천하에 공개하여 자랑하는 사람이 있었다.

이 사람의 하는 행이 너무나 괘씸하여 부처님께서 이 사람의 생각이 어떤가? 알아보려고 그 사람의 마음속으로 들어가 보기로 했다. 그렇게 게으르고 못된 성격을 가진 그 마음속을 가만히 들여다보니 잠자는 시간을 제외하고 살아가는 시간은 내내 남들이 잘 행하는 것을 보고는 배가 아프고 시기와 질투를 한다. 이렇게 자꾸만 나쁜 생각만 싹을 틔우고 있었다. 자기의 생각과 사고력으로 정진할 생각은 전혀 하지 않는 것이다. 이 독초의 싹을 가만히 두면 더욱 큰일이 일어날 것 같아 마음이 아프지 않도록 이 독초를 잘라야겠다고 부처님은 생각했다.

이 생각의 뿌리를 자르려고 살펴보니 가지마다 뿌리마다 나오는 그 독이 엄청나게 많은 것에 너무나 놀랐다. 그 뿌리가 빨아 먹는 것을 보니 숱한 생명 숱한 사람들의 피를 말리면서 다른 사람들의 피로 흥건하게 적시고 있었다.

무량경을 가지고 온갖 중생구제를 다하시는 아미타부처님이 독의 뿌리를 제거하려고 들어서 보니 뿌리의 근원은 온갖 생명에게 고통과 아픔을 주면서 선하게 먹는 것이 아니라 그것도 악으로 빨아 먹는지라 또 한 번 놀랐다. 그래서 상처 없이 고통 없이 제거하려고 했지만 워낙 질기고 질긴지라 고통 없이 자를 수 없었다.

그 중 한 뿌리를 제거하니 그의 육신이 소리를 낸다.

"더러운 세상, 밝지 못한 세상, 탁한 세상......,"

한 뿌리를 잘라내는 데도 원망하는 소리가 이렇게 대단하다. 자기 반성은 추호도 하지 않고, 또 이 뿌리를 뽑아냄으로써 나의 아픈 고통을 이겨내야겠다는 생각은 하지 않고 도리어 남을 원망하는 소리만 낸다.

또 한 뿌리를 제거하려고 들어서니 앞의 것보다 두 배 세배 더 반항하면서 소리치고 몸부림치고 온갖 손짓 발짓 다하면서 여러 사람에게 또 고통을 준다. 거듭거듭 뿌리를 제거하는 과정에서 항복받는 그 순간까지도 상대를 괴롭히면서 제거된다.

마지막 한 뿌리를 제거할 때 그제야 "부처님!"하고 찾는다. 그전에는 절대로 항복하지 않는다. 아픔 없이 상처를 치료하려고

"선하게 가르치고 바른 빛을 전하고 머무르지 말고 움직여라!"라고 온갖 처방을 다 해줘도 어두운 생각과 독이 많은 그 뿌리를 버릴 생각을 하지 않는다.

그래서 한 생명을 구하는 과정에서 병과 독이란 법을 내놓았다.

그 아픔은 자신의 지은 업장으로 인해 고통을 받는 것이다. 웃음이 있는 것은 자신의 행함이 빛을 발하는 것이고 즐거운 생각은 마음의 근원이 살아있는 증거이다. 독이 없는 뿌리는 마음을 일깨워 주고 이끌어 주는 모든 부처님의 마음과 같다.

그런데 이 작은 가슴속에 나쁜 뿌리가 가지가지 벌어져 있는 것이 어찌 그렇게도 많은가? 독이 있는 뿌리를 제거하는 과정에서 '외로워라! 슬프다! 추워라! 더워라! 미워라! 배고파라! 땀 흘려라!'라고 한다.

이런 육신의 소리는 그 독초의 뿌리를 제거하는 과정이다. 모든 여래 부처님께서 그 생명을 구하려고 제도하는 과정의 아픔이다. 아픔을 느낀다는 것은 독의 뿌리가 잘려 나가는 것이다. 우리가 살아가는 한평생은 고통을 느낀다. 고통을 받는 사람은 그 독초의 뿌리가 잘라지는 과정이며 뿌리가 잘라지면 그 고통에서 벗어나는 것이다.

이 세상에서 이렇게 힘든 삶을 살아오는 과정에서 '벗고 벗어라!'라고 하여 수많은 법회를 열어 우리에게 알려 준다. 그 수많은 법화경 중에 한 구절만 익히고 행하여도 육신의 삶을 지키는 깨달음이 된다. 우리는 듣는 그 순간만 귀로 듣고는 머리나 가슴에 담아두는 순간은 너무나 짧다.

진리는 생각으로 느끼고 마음으로 느껴서 육신으로 행하여야 하는 것인데도 불구하고 담아두는 생각도 짧거니와 마음은 더욱 짧다. 부처님의 법화는 얼마나 멀고 먼 곳에서 많은 시간을 들여 이 세상의 우리에게 왔는지 한번 생각해 보라! 석가모니부처님(화신여래)이 오신 것만 해도 약 2500년이 되지 않았는가?

우리들의 육신은 이 한 몸 받아오는 과정이 전생에서 수억 겁을 수행하여 어렵게 받아왔다. 부처님의 수많은 법화경 중에 한 구절만 익히고 지켜도 그 어떤 어려움도 넘어갈 수 있는데도 불구하고 이것마저 놓치니까 가까이는 이 세상에서 부모 또는 친인척이, 친구와 벗이 관세음보살 또는 지장보살이 되어 또 가르쳐 준다. 그럼에도 우리는 그런 인연들에게 고맙다는 말 대신에 도리어 엉뚱한 생각을 하는 사람이 많다.

눈을 뜨면 해를 맞이하고 눈을 감으면 밤을 맞이한다. 그러나 밤과 낮은 하나이다. 죽음과 삶도 하나이다. 어리석음과 착하고 선한 것은 구분이 쉽게 되는데도 불구하고 우리는 착하고 옳은 생각을 하지 않고 어리석은 생각만 거듭거듭 쌓아간다.

한 순간을 살더라도 남을 위한 삶 남을 배려하는 삶을 살아야 한다. 아상이 짙으면 짙을수록 자신의 존재를 더욱 내세우는 것이다. 그러나 자기 존재를 아무리 다 내놓아도 타인에게 보여 줄 수 있는 것이라고는 거의 없다. 자신의 존재를 과시하지 않을 때 타인을 볼 수 있는 거울이 된다. 자기가 살아온 빛을 보고 후자(後者)가 '정말로 보기 좋구나!' 할 때 그 존재는 살아있는 것이다. 어리석음에 묶여 있는 자기 존재는 마치 허수아비의 상(象)과 같다.

허수아비의 상은 어떤가?

멀리서 보면 사람인 것 같이 보이지만 가까이서 보면 사람이 아니다. 배울 것도 없고 받을 것은 더욱 없는 것이 허수아비의 상이다. 수천 마리의 새가 날아오더라도 '여기 앉지 마라!'라고 그 말 한마디 하지 못한다.

'동무동행'이란 우리가 행하고 살아가는 세상에서 생명의 이치와 육신의 생각 그리고 나의 행이 하나로 이루어지는 것을 말한다.

눈뜬 생명은 그 어떤 것에도 구애받지 않고 헤아릴 수 없는 지혜와 한량없는 본성을 이끌고 간다.

어느 노보살의 얘기

어느 날 삼원사라는 정사에서 오랜 세월 동안 부처님의 경전을 연구하신 노스님께서 법화경을 설법하는 대법회를 개최하니 수행자들과 불자들의 많은 참석을 바라는 안내문이 곳곳마다 붙어 있었다. 그리하여 수많은 사람이 모여들었다.

노스님께서 좌정하시면서 청중을 한번 둘러보니 온갖 형형색색의 옷들을 입고 있는 모습이 마치 자신의 입은 옷을 자랑하는 것 같다. 그 화려함은 눈이 부실 정도였다. 이윽고 법회는 시작되고 청중들은 노스님의 말씀을 한마디도 놓치지 않으려는 듯 잔뜩 긴장해 있었다.

법회가 한창 진행되는 중에 문소리가 삐익 하고 들리더니 누군가 들어 온 듯 했다. 노스님께서 소리가 난 문 쪽으로 시선을 돌려보니 허름한 옷차림의 노보살 한 분이 아주 송구스러운 표정으로 자리에 앉으려다 노스님과 눈길이 마주치자 더욱 죄스러운 생각으로 몸 둘 바를 모르고 있었다.

노스님께서 "보살님!" 하고 부르니 모두들 자기를 부르는 줄 알고 쳐다보았으나 노스님의 시선은 딴 곳을 향해 있었다. 그곳에는 남루한 옷차림의 방금 들어온 보살 한 분이 고개를 푹 숙이고 계신다.

"보살님! 잠깐 앞으로 나오시라"라고 하니 늦게 온 죄책감과 부끄러움으로 겨우 앞으로 나왔다.

"보살님은 어찌하여 이렇게 늦게 오셨지요?"라고 묻는다. 고개를

더욱 푹 숙이며 힘없는 소리로

"저는 베를 짜는 사람인데 오늘까지 마쳐야 하는 급한 주문이 있어 그걸 마치고 오느라 이렇게 늦었습니다."

노보살은 사실 일을 마치자말자 급하게 오느라 남루한 치맛자락에 풀 자욱이 덕지덕지 붙어 있었고 머리도 빗지 않은 모습이다.

"주문은 많은가요?"

"네! 주문이 많이 들어와 항상 바쁘게 일합니다."

"그럼 돈도 많이 모았겠구려!"

"아닙니다!"

"아니 일거리가 많다면서 어떻게 돈을 벌지 못했단 말인가요?"

"옷을 입어보고 마음에 쏙 들면 그때 돈을 주겠다고들 했어요." 라고 말했다고 한다.

"여기 모인 이 분들 중에 보살님께서 베를 짜서 준 사람이 계신가요?"

"네 여기 계신 분들의 옷은 전부 제가 짜준 것입니다."

그러자 노스님께서는 청중을 향해

"자기가 입은 옷이 마음에 들지 않은 분이 계시면 앞가슴을 헤쳐 보여라!"라고 하시자 한 사람도 없었다.

"그럼 모든 분이 자기 옷이 마음에 흡족한가요?"라고 묻자 모두

"네!" 하고 대답했다.

"그럼 당장 옷값을 지불하라!"

그러자 보살님은 순식간에 엄청난 돈을 받게 되었다.

세상을 위해 자신의 할 일을 열심히 하다 보면 언젠가는 그 보답을 꼭 받는다는 것을 보여주는 얘기이다.

사찰에 가서 기원과 기복(祈福)을 구원하지만, 부처님이 복을 내려주는 것은 아니다. 자기 자신이 이 세상을 위해 덕을 쌓는 만큼 이 세상으로부터 되돌려 받는다는 것을 잊지 말아야 할 것이다.

갑선과 실선

부부가 여행을 나선다.

남편은 많은 옷을 겹쳐 입고 그의 아내는 계절에 맞는 옷만 입고 나섰다. 아내는 남편에게

"옷이 무거워 어떻게 가려고 그렇게 많은 옷을 겹쳐 입었습니까?"

"내가 이 옷을 벗으면 육신이 가볍기는 하겠지만 아직 옷을 벗을 때가 되지 않았소! 벗을 때가 있을 것이오!"

"그럼 언제 벗으려오?"

"춘삼월 비가 온 후, 칠팔월 무더울 때, 가을 단풍이 물들었을 때, 엄동설한 이렇게 일 년에 네 번 벗을 것이오!"

계절마다 옷을 벗는다고 하여 '갑선'이다.

"춘삼월 햇빛이 좋으니 옷을 벗어야겠다!"면서 벗은 옷을 아내에게 준다.

"어떻게 할까요?"

"이 세상에 갓 태어난 생명에게 입히도록 하시오!"

부인은 '왜 나를 주지 않고 그 사람에게 줄까?' 하며 주저하고 있다.

"여보! 내가 벗은 옷을 새 생명에게 주라고 했잖소? 당신이 입고 싶은 것이 아니요?"

부인은 한편으론 자기 마음이 들킨 것이 부끄럽기도 했지만, 속이 상해

"새 생명에게 주라면서요?"

"당신이 내 옷을 입으면 눈앞이 가려져 세상을 볼 수 없소!"

오뉴월의 무성하고 시원한 숲의 세월이 지나고 무더운 여름이 되어 칠월 중순이 됐는데도 남편이 옷을 벗지 않자

"왜 옷을 벗지 않습니까?"

"아차! 벌써 그렇게 되었나?"

남편은 옷을 벗어 또 아내에게 준다.

"어떻게 할까요?"

"이른 봄에 주었던 그 생명에게 주시오!"

'이 양반이 왜 이럴까?' 하고 부인은 섭섭한 마음이 가시지 않는다.

무덥던 여름이 지나고 가을이 되어도 옷을 벗지 않자 구월이 지나 시월입니다 라고 하니 또 남편은 옷을 벗어 부인에게 주었다.

"어떻게 할까요?"

"여름에 준 생명에게 주시오!"

아내는 또 속이 상했다.

백설이 천지를 하얗게 만들었을 때 남편은 부인에게 또 옷을 벗어 주면서 '가을에 준 생명에게 주시오'라고 한다. 옆을 돌아보니 부인은 추위에 떨고 있는 모습이다.

"여보! 추워요?"

"에고! 누가 언제 나한테 옷이나 사줬어요?"

이제까지 참았던 원망이 한꺼번에 쏟아진다.

"당신은 세월의 옷도 못 입었는가? 세월의 옷도 못 입은 사람이 어떻게 배운 사람인가? 그만큼 내가 하는 것을 지켜봤으면 당신은 느끼지도 못했단 말이오? 깨친 사람은 자기 것을 전부 벗어주고 가건만,

당신은 세월이 주는 옷도 입지 못하다니! 쯧쯧"

여기서 세월의 옷이란 세상을 위한 일을 하면 세상이 보답하는 것을 의미한다. '갑선'이란 세상을 위해 일을 실천하는 사람을 말하고 '실선'이란 말만 앞세우고 실천하지 않는 사람을 말한다.

너울새와 수월새

부처님께서 한 제자에게 오늘은 미복(微服)을 하고 세상 구경을 하러 갈까? 라고 하신다. 그래서 미복을 한 채 세상 구경을 하러 수전각으로 나왔다.

"수자야! '너울새'와 '수월새'가 무엇인지 아느냐?"

수자는 대답이 없다.

마침 맑은 물이 흐르는 개울가에 앉아 쉬고 있노라니까 한 사람이 오더니 개울물을 길러 짊어지고 가면서 투덜거린다.

"어휴! 더워라! 이놈의 날씨가 왜 이리 덥나!"

그러면서 물을 가지고 간다. 또 한 사람이 오더니 세수를 하고 물을 길러가면서

"어이구! 시원해라! 그 물 한번 시원하구나!"

정말로 물을 즐기며 고마워하고 있었다.

"수자야! 너울새와 수월새의 차이를 알겠느냐?"라고 묻자 또 대답이 없다.

"저 두 사람을 보고도 모르겠느냐?"라고 다그치신다.

물을 길러 가지고 가는 사람은 자기 가족에게 시원한 물을 먹이려고 가져간 것이다. 그러나 물을 길러 가면서 덥다고 투덜거리면서 가지고 온 사람 때문에 그 물을 먹는 가족은 시원한 물이 되지 않고 오히려 짜증이 난다.

그러나 세수를 하면서 시원하다고 했던 사람은 그 자신이 세상 사람에게 시원한 청량제가 된다는 것이다.

'너울새'란 무슨 일이 생기면 남의 탓으로 돌리는 사람을 말한다. 세상 탓을 하다 보면 주위의 사람들까지 짜증나게 하고 그것은 마치 세상 속으로 독을 품어 내는 것과 같다.

'수월새'란 자신의 할 일을 열심히 하는 사람을 말한다. 자신이 세상을 위해 해야 할 일을 하는데 남의 탓 세상 탓을 할 이유가 없는 것이다.

세상에서 부족한 부분이 바로 자신의 할 일이라는 것을 스스로 느끼며 실천해야 한다. 그래서 세상을 위한 일을 하는 사람은 세상이 있어 그저 고마울 따름이다.

상추목단

세상에서 가장 아름답고 자랑할 만한 나무가 '상추목'이라고 전해 오고 있었다. 이 나무에는 '목단'이란 열매가 가지의 가장자리에 대롱대롱 열려 있었다. 이 '목단'이란 열매를 먹으면 지혜와 건강과 복록이 사람의 마음에 찾아온다고 소문이 났다. 그 소문을 듣고 한 사람이 온갖 고생 끝에 상추나무를 찾아왔다.

그 열매를 따려고 나무를 쳐다보니 나무가 전봇대처럼 너무나 미끄럽고 키가 커서 도저히 올라갈 수 없었다. 그러나 열매를 따려는 욕심으로 몇 번인가 오르려고 하다가는 미끄러지고 거듭거듭 하다가 힘이 빠져 앉아 있노라니 지나가는 노인이 묻는다.

"왜 이 깊은 산중에 혼자 계시오?"

"어르신은 이 상추나무를 모르시오? 상추나무 끝에 있는 저 목단이란 열매의 소문을 못 들었소?"라고 한다.

곧 세 사람의 청년이 오더니

"아버지! 여기 계셨군요!" 그러자 노인은

"나무의 열매를 따고 싶으나 올라갈 수 없어 이러고 있는 게요?" 그러자 막내아들이 말한다.

"아버지! 이 열매보다 우리 세 아들이 더 낫지요?

왜냐하면 세 아들이 없으면 열매를 딸 수 없으니까요."

장남이 먼저 나서면서 말한다.

"아버지! 걱정하지 마세요. 얘들아! 자기 허리띠를 풀어서 나무와

묶고 둘째는 나를 밟고 올라서고 셋째는 둘째 위에 올라서라.”
“아버지! 이제 올라가세요.”

아버지는 자식들의 허리띠와 어깨를 차례로 밟고 올라가면서
“나에게는 이 세 아들이 열매요. 이렇게 자식이 행하고 이 애비가 열매를 따는 것을 ‘상추’라 하오! 그리고 노인에게 몇 개가 필요하오?” 묻는다.
“세 개만 주시오!”

노인에게 세 개의 열매를 따주면서
“이 세상에서 이제까지 세상을 위해 실천한 것이 무엇인가? 제일 좋은 것, 맛있는 것, 귀한 것, 건강에 좋다는 것……, 세상에서 좋다는 것은 다 하면서도 행하지 않는 사람이 많다 하오!”

‘상추목’이란 일하지 않고 바라기만 하는 인간의 마음을 경계한 것이다.

나무의 열매는 가지 끝에 달려있고
인간은 행하는 것이 열매가 아니고
노력한 행의 보답이 열매이다.
사람과 사람은 오랜 세월 속에 정이 나고
배움은 실천하는 힘에서 학문의 문이 열리고
깨달음은 앉아서 얻을 수 없노라.

염라각에서

아득한 절벽위에 염라각이 있었다.

하루는 염라각에서 아득한 절벽 아래를 내려다보고 있노라니까 저승사자가 큰 황소를 몰고 깎아지른 절벽 위로 오르고 있었다. 올라오다가는 다시 떨어지고 조금 올라오다가는 또 떨어지자 보다 못해 염라각에서 소리를 질렀다.

"이 사람아! 그 소가 어떻게 깎아지른 절벽을 오를 수 있단 말인가? 저쪽으로 돌아오게."

저승사자가 말하길

"아닙니다. 이 소는 고집과 뚝심이 세어 절벽을 오를 수 있습니다."

"왜 그 소를 몰고 오는가?"

저승의 어느 마을에 아버지가 자식에게 가르치길 세상살이는 고집과 뚝심으로 밀어붙이면 안 될 것이 없다고 가르쳤단다. 저승사자는 그렇게 배운 그 자식을 데리러 갔더니 사람이 없었다. 그 사람을 찾아보니 마구간으로 도망가서는 붙잡으려 하자 황소의 배 속으로 숨어 나오질 않아 할 수 없이 소를 데리고 오는 길이라고 했다.

저승사자는 소를 데리고 몇 번인가 시도 끝에 드디어 절벽 꼭대기에 거의 올라왔다. 사자는 절벽 위에서 끈을 당기고 소는 마지막 힘을 다 쓰며 가까스로 절벽 위에 앞발을 올려놓는 순간 뒷발이 미끄러졌다. 순간 소의 코가 툭 터지며 소는 아득한 절벽 밑으로 떨어지고 말았다.

그 소는 절벽 아래로 떨어지는 순간 현세로 돌아가고 코뚜레 끝에는 죽은 사람의 영가(靈駕)가 매달려 있었다. 그제야 저승사자가 이마의 땀을 닦으면서 말을 한다.

"그 소는 현세에서 이 영가의 아버지 되는 사람이었습니다. 자식 또한 부모에게서 배운 대로 고집과 뚝심으로 살아왔습니다. 그 아버지는 죽어서 한평생 고집과 뚝심으로 살아 보라고 그 소로 다시 태어난 것입니다. 그 자식 되는 영가는 한평생 고집과 뚝심으로 살아왔으나 죽을 때가 되어서야 잘못된 것을 알게 되었고 그 사람을 데리러 갔더니 '아버지! 나 좀 살려 주세요!'라고 하면서 아비 품속으로 숨어 버린 겁니다. 그래서 그 황소를 데려 온 것이고 그 황소는 방금 다시 현세로 돌아갔습니다."

이 세상은 자신의 안위만 생각하는 고집과 뚝심으로 살아가는 것이 아니라 항상 열린 본래 마음으로 자신이 이 세상에 온 목적 즉 부여받은 임무를 세상을 위해 실천하고 후세에게는 지적해주고 이끌어주는 삶을 살아야 하는 것이다.

화불경상

세상에서 제일 잘 생긴 남녀가 부부로 만나 살고 있었다.

이 부부는 많은 세월이 흘러서야 애타게 기다리던 첫 아기를 낳았다. 아기를 낳고 보니 너무나 못생겼다. 처음 낳았을 때는 모두 그렇다는 얘기를 듣고 위안을 느꼈지만 한 달 두 달이 지나 백일이 되어도 너무나 못생겼다.

부모는 자식이 부모를 닮지 않았다는 얘기를 들을까 봐 아기를 업고 바깥으로 나갈 수도 없었다. 비록 내 속으로 낳았지만 못생겨도 어떻게 저렇게 못생겼을까 하는 생각마저 들었다.

그렇게 세월이 흐르면서 부모의 가슴에는 말 못할 응어리가 생기고 있었다. 자식은 자라면서 자신이 잘 생겼는지 못 생겼는지도 모르고 철없이 자랐다. 미운 일곱 살이 되면서 지나가던 사람들이 자신을 보고 하는 말이

"어떻게 저렇게 잘 생겼을까?"라고 한다.

그 말을 들은 이 자식은 자신이 아주 잘생긴 것으로 알고 성장해 간다. 열다섯 살을 넘어서면서 자신의 외모에 대해 어렴풋이 느끼게 된다. 주위의 사람들이 얘기하던 잘생겼다는 말이 자신을 두고 비아냥거린 말이라는 걸 알고는 자신이 너무나 부끄러웠다.

말씀은 하시지 않았지만, 부모의 가슴속에 응어리진 마음도 이제 느낄 수 있었다. 자신에 대해 고민을 하는 시간이 점점 많아졌다. 이제까지는 철모르고 웃고 다니다가 자신의 처지를 어렴풋이 느끼기 시

작한 순간부터 그것을 모르고 살아온 자신이 부끄러웠고 또 앞으로 어떻게 해야 하나 걱정하기 시작했다.

못생긴 얼굴로는 이 세상을 살아갈 수 없는 것일까?

앞으로 어떻게 살아가야 하나? 죽어버릴까? 세월이 흐르면서 고민의 정도는 나날이 더해갔다.

어느덧 세월이 흘러 여인으로 성숙한 이 여인은 지금의 모습으로는 도저히 이 세상을 살아갈 수 없을 것 같아 죽기를 결심하고 집을 나왔다. 살아있는 나의 모습이 못 생겼는데 죽은 모습은 오죽할까 하는 생각이 미치자 다른 사람들 눈에 보이지 않도록 아주 깊은 산속으로 계속 걸어갔다.

그런데 어떤 사람이 자신이 올라온 길을 따라오는 것이다. 가까이 오는 그 사람의 모습을 보니 자기보다 훨씬 더 못생겼다. 저 얼굴을 가지고도 세상을 살아갈 수 있을까? 이 여인은 이 세상에서 자기보다 못생긴 사람을 그때 처음 본 것이다. 한편으론 반갑기도 하고 한편으론 불쌍한 생각도 들었다. 가까이 오자 여인은 물었다.

"그 얼굴을 가지고도 세상을 살아가오?"

"얼굴 없는 사람도 세상을 살아갈 수 있소이다! 세상은 얼굴로 살아가는 것이 아니고 행으로 살아가는 것이오!"

여인은 갑자기 어리둥절해져서 다시 묻는다.

"그것이 무슨 말입니까?"

"얼굴이 잘생긴 사람이 잘난 사람이 아니고 해놓은 것이 있는 사람이 잘난 사람이오."

여인은 이 못생긴 남자가 하는 말을 듣고 보니 이 남자가 정말로 훤하게 잘생겨 보인다. 점점 황홀해지면서 하늘처럼 느껴지기 시작한다. 그 분의 말씀이 귓가에 계속 맴도는 것이다.

“여인이여! 나와 함께 세상 배움의 길로 가지 않으려오?”라고 하자 말없이 여인은 그 남자를 따라 깊은 산속에 있는 대궐 같은 정각으로 들어갔다.

“내가 비단 백여덟 필을 줄 테니 옷을 한번 지어 보겠소?

자신의 치수를 모르면 옷을 지을 수 없다. 옷을 지으려면 먼저 자신의 치수부터 알아야 하듯이 자신을 아는 사람이 잘난 사람이오. 그러니 우선 치수부터 재어 봐야지요.”

그 남자를 따라 큰방에 들어가니 비단 옷감이 산더미처럼 쌓여있었다.

“여기에 비단 옷감 백여덟 필이 있으니 이것으로 당신의 옷을 지어 보구려! ‘백마필도’라는 말이 있소. 이 말은 백가지 마장을 이기면 필히 도(道)의 경지에 이른다는 뜻이오. 백여덟 필의 옷감으로 옷을 만들려면 어렵고 힘든 일이 많을 것이오. 그 어떤 어려운 고난도 다 넘어서야 이룰 수 있는 것이요!” 하고 그 남자는 나가버린다.

여인은 어느덧 십 년이란 세월이 흘러 그 옷을 다 지었다. 자신이 지은 옷 중에서 가장 자기에게 잘 어울리는 옷을 입고는 자신의 모습을 비추어 보니 그렇게 아름다울 수 없었다. 이제는 자신의 상(象)에 어느 정도 마음에 흡족해하면서 밖으로 나와 그 인연을 찾아본다.

그러나 그 인연은 가고 없다. 여인은 허탈한 심정으로
나는 님을 위해 오로지 한마음으로
온갖 정성을 다 했건만
내 모습 갖추고 나니 님은 가고 없네!

형상의 존재는 세월이 바라는 상(象)이 되어야 잘난 모습이고 그 상이 곧 깨달음이고 ‘화불경상’이다.

詩 나목 裸木 / 원종

한때
미래를 꿈꾸며
희망의 꽃 피우고

보란 듯이
세상을 받들며
찬란한 영광도 있었다

끝내 모두 버리고
빈 마음 씻어내는
아픔의 세월

칼바람 속에
묵묵히
생(生)의 마디 하나 여물고

바랄 것 없는 세상
또 다른
세월을 기다리고 있다

가교와 직교

부처님께서 가사 장삼을 벗어 던지고 허름한 미복으로 나투하여 어느 마을에 도착했다. 마을에 오신 부처님은 무슨 일이든지 시켜만 주면 다 할 수 있다면서 머슴살이를 청했으나 이 마을엔 그럴만한 집이 없다고 한다. 왜냐하면 가난한 사람만 살기 때문에 머슴을 둘 형편이 못 된다는 것이다. 그래도 사정을 하니까 방안 가득 모인 사람 중에서 연세가 아주 많은 노인 한 분이 새끼를 꼬고 있다가 말을 했다.

"무슨 일이든 다 할 수 있다했으니 이 동네엔 끈이 필요하오. 내 뒤에서 새끼를 이어서 꼬시오. 내보다 굵거나 약해서도 아니 되고 같은 굵기로 이어보시오."

부처님은 그런 일은 처음 해보는 터라 막막했다. 만약 당신이면 어떻게 하겠는가?

새끼는 맨 뒷부분은 아주 굵기 때문에 그 부분을 한 뼘쯤 풀어서 굵기를 조정하여 이어가면 된다. 노인은 머리 깎은 저 사람이 진짜 승려인지 시험한 것이다.

세상 이치는 이렇게 새끼를 풀어서 이어가듯 또 후세가 이어간다는 뜻이다. 부처님의 법도 이와 같이 풀어서 그대로 이어간다는 것이다. 부처님 법을 오도하거나 '나'를 내세우지 않고 그대로 후세에게 가르쳐주고 이끌어주고 넘겨주어야 한다는 것이다.

우리가 살아가는 이 세상의 진리는 하나다.

그런데도 불구하고 여러 가지 종교가 존재하는 것도 문제지만 특히 같은 종교에서도 종파가 많다는 것은 자신의 존재를 내세우려는 것 때문에 이런 일이 발생한 것이 아닐까?

'가교'란 배움의 이치 즉 가르치는 행과 실천하는 행이 같아야 하는 것을 말하고 '직교'란 가르치는 행과 실천하는 행을 똑같이 실천하였을 때 세상의 빛이 된다는 것이다.

있는 그대로

조용한 호수에는 하늘인지 호수인지 분간을 할 수 없을 정도로 하늘도 물도 맑아 호수에는 하늘만 가득한 것 같다. 산책하는 나의 마음도 있는 그대로 비추어 주는 저 호수처럼 될 수 없을까 하는 생각이 한순간 스쳤다.

모퉁이를 돌아가니 세 사람이 깨어진 보도 블럭을 새것으로 교체하고 있었다. 교체하기 전에는 헛딛지 않으려고 조심하며 다니던 길이다. 비 온 후에는 고여 있는 빗물을 피해 가려고 이리저리 풀쩍 뛰어넘거나 돌아가기도 했었다. 저분들이 수고한 덕에 아무 걱정 없이 한결 마음의 여유를 가지고 산책을 즐길 수 있다는 생각이 들자 고마움을 느꼈다. 아마도 이 길을 걸어 본 사람이면 저분들에게 모두 고마움을 느끼리라.

그래서 세상은 혼자 살아가는 것이 아니라고 남의 덕으로 살아간다고 더불어 살아가는 세상이라고 어른들이 말씀하신 것이 아닐까라는 생각이 들었다.

산책로를 따라 갔다가 되돌아오는 길에 깨어진 보도 블럭이 세 개가 교체되지 않고 있었다. 그 순간 저분들이 빠트리고 갔을 거란 생각을 했다. 순간적으로 저분들이 게으른 생각에 고의로 빠트리고 갔다는 생각이 들었다.

"아저씨! 저 뒤편에 세 개나 빠트렸던 데요!"하며 매우 못 마땅한 듯 말을 했다. 고개를 숙이고 일하던 한 분이

"아! 그래요."하며 선뜻 일어서자 두 사람도 같이 그 분을 따라갔다. 밀짚모자 밑으로 백발이 땀에 흠뻑 젖어 있었다. 저분이 말씀은 기분 좋은 듯이 하지만 고의로 빠트리고는 그 마음이 들켜서 그걸 감추려고 하는 너스레미라는 생각이 들었다.

"있는 그대로 믿지 무슨 생각이 그리 많으냐!"라고 하는 소리에 깜짝 놀라 뒤돌아보았지만 아무도 보이지 않았다. 소리 나는 곳을 찾아보니 길가 나무에 비스듬히 기대어 있던 곡괭이가 말을 했던 것이다.

몽땅 연필처럼 곡괭이는 제 몸은 다 닳아 괭이자루와 거의 구분이 안 될 정도였다. 괭이자루는 반질반질 윤이 났다. 저 모습으로는 호미 역할도 못 할 것 같았다.

"저분과는 잠자는 시간을 제외하고는 한평생 동행을 하였소. 저분이 산에 가면 산으로 들에 가면 들판으로 어디든 동행을 하지 않은 곳이 없었는데 나를 보고는 일을 많이 해서 몸이 닳았다고 생각하면서 저분을 보고는 세상을 속이며 살았다고?"라며 반문한다.

나는 그만 할 말을 잃어버리고 고개를 푸욱 숙인 채 계속 걸었다.

"저 어른의 얼굴을 보고도 믿지 못하면 그 눈이 눈이냐! 그 생각이 바른 생각이냐!"하며 나의 등을 마치 괭이자루로 힘껏 내리치는 것 같았다.

실천한 세월은 사람은 몰라봐도 세상은 알고 있다.

복숭아와 자비의 손

어떤 사람이 '이 세상에서 내 손만큼 자비로운 손은 없을 거야! 나의 이 손이 참으로 자비롭구나!'라고 한다.

마침 지나가던 사람이 그 말을 듣고 물었다.

"어떤 일을 하였으면 그렇게 자비롭다고 합니까?"

"이 손은 웃어른들을 공경하게 받들었고 배고픈 사람의 시봉(侍奉)을 하였고 등등 이런저런 수많은 자비를 베풀어서 그러하오!"

그 말은 들은 지나가던 모든 사람이 말한다.

"당신 참으로 훌륭하고 거룩합니다."

그 애기를 보고 듣고 한 다른 사람이 이 땅에서 제일 자비로운 손을 가졌다는 사람들을 전국적으로 초청하여 연회를 베풀었다.

세상에서 자비로운 손을 가졌다는 많은 사람이 초청되어 온 그 연회석에는 천도복숭아, 황도, 백도 등 세상에 있는 모든 복숭아는 다 모아 놓고 잔치가 벌어졌다.

'내 손이 이런저런 일을 하여 자비롭다'면서 서로 자신이 했던 일을 애기하면서 복숭아를 맛있게 먹는다. 모두들 자기 애기를 하느라 시간 가는 줄 모른다.

한 사람이 목이 간지러워 무심코 긁었더니 더욱 가렵다. 시간이 지나면서 복숭아 먹은 손으로 서로 애기하다 얼굴에도 스치고 손에도 스치고 하다가 나중에는 얼굴도 비비고 등도 긁고 옆 사람이 가려워 움찔움찔하니까 옆에 있던 자비롭다는 손이 그 사람의 등도 긁어준다.

마침내 참석한 모든 사람이 몸이 가려워 견딜 수 없었다. 세면대에 가니 물도 없다. 시간이 가면 갈수록 더욱 가렵고 더 많은 사람이 가려워한다. 자비로운 손들만 모였으니 자비를 베푼다고 자신도 긁지만 다른 사람도 더욱 열심히 긁어주니 얼마나 더 가렵겠는가?

세상에는 이런 사람이 많다는 것이다. 조그마한 일을 해놓고서 자기 모습을 내려고 하는 사람을 경계한 것이다. 선한 일, 좋은 일 한다고 할 때 내 손이 복숭아 만진 손은 아닐까 생각해 볼 일이다. 진정으로 자비로운 손은 어디에선가 자비를 베푸느라고 그 연회석에도 참석하지 않았을 것이다.

삼선불소

선량하게 베풀며 살아가는 것으로 유명한 사람이 있었다.

오랜 세월 동안 선행을 하면서 살아왔기 때문에 이웃은 물론 전 국토에 소문이 나서 나라에서 내려주는 후한 상까지 받았다.

어느 날 부처님께서 나투하시어 그 소문을 듣고 그 사람을 찾아 갔다. 그렇게 살아주었기에 고맙다고 하면서 세 가지 선물을 주었다.

"이 흰 봇짐은 지혜가 들어있으니 잘 사용하십시오!"라며 주니 이 사람은 흰 봇짐을 받아 자기 왼쪽에다 놓았다.

"이 적색 봇짐은 복이 들어있다"라고 하니 받아서는 오른쪽 옆구리에 척하니 차는 것이었다.

"이 청색 봇짐에는 건강이 있다"라고 하자 이번에는 자신의 두 무릎위에 두었다.

그리고 일 년 후 그 사람을 다시 찾았다.

"어르신! 일 년 전에 드린 흰 봇짐을 좀 보여 달라."라고 하니 흰 봇짐은 새까맣게 먼지가 쌓여 있었던 것이다. 적색 봇짐도 보여 달라니까 적색 봇짐은 얼마나 꽁꽁 묶어 놨는지 매듭만 보일 뿐이다. 청색 봇짐은 너무나 많이 사용해서 퇴색되고 낡아서 흐느적거릴 정도였다.

인간사회에서 선행을 많이 하여 나라에서 상까지 받은 사람도 부처님이 보시기에는 잘못 살아가고 있더라는 것이다. 우리는 누구나 할 것 없이 태어날 때 이 세 가지 선물을 받아 이 세상에 왔다. 너 · 나 할 것 없이 대부분 청색 봇짐만 많이 사용하고 있고 적색 봇짐은 누가 훔쳐 갈세라 깊고 깊은 곳에 숨겨놓는다. 또 흰색 봇짐은 아무렇게나 놓아두고는 있는지 조차 모르고 살아가고 있다. 이것이 우리들의 실상이다.

청색 봇짐은 건강으로써 자신의 육신을 지켜야 하는 것을 말하고 적색 봇짐은 복록으로써 자신이 살아가면서 세상을 건사하라고 준 것이다. 세상을 위해 건사하기 보다는 우리는 대부분 자신만을 위해 쓴다. 흰색 봇짐은 지혜로써 지혜의 성을 세상에 가르쳐주라고 준 것이다. 그런데 우리는 이걸 방치하고 있다.

세상을 위해 자신이 부여받은 의무를 실천하는 과정에서 흰색 · 적색 · 청색 봇짐을 사용하였다면 실제 사용한 것보다 세배 이상 저절로 더욱 크게 만들어져 자신에게로 되돌아오는 것을 느끼게 된다.

칠각상

무량수전에서 부처님이 일곱 제자에게 말씀하신다.

"이제까지 너희들은 나에게 똑같이 배웠다. 그러나 지금 나를 떠나는 순간부터 세상을 한 바퀴 돌아올 때는 각자의 모습이 모두 다를 것이다. 내가 너희를 한 국토에 보내줄 테니 실천해보고 오라!"

그러나 제자들은 부처님이 말씀한 것을 이해하지 못한다. 똑같이 부처님에게 배웠는데 그럴 리가 없을 것 같았다.

그렇게 하여 일곱 제자는 이 세상에 오게 된다. 일곱 사람이 길을 가다 보니 아주 맑은 물이 흐르는 개울을 만났다. 일곱 사람은 똑같이 신을 벗고 개울물에 발을 담그고는 한사람이 말한다.

"이 물은 생명수요 세상의 청량제이다."

"오늘 우리 일곱 사람이 이 맑은 물을 보고 각자 시(詩)를 한수씩 지어보기로 하자!"

그래서 일곱 사람이 각자 시를 한 수씩 지어서 읽었다. 제목은 같은데 내용은 각자 전부 다르다. 일곱 제자는 이 세상에 와서 처음으로 부처님께서 하신 말씀을 느끼게 된다. 우리는 각자 한 수씩 지은 시를 헤어지고 난 뒤에도 그 시를 보고 그 사람을 생각하도록 하는 의미에서 상대방에게 돌려주고 받고 헤어졌다.

이념은 같아도 생각이 다르고
마음은 같아도 마음 표현이 다르고
육신은 같아도 행(行)이 각자 다르다.

각자가 주고받은 시는 세상의 상(象)을 의미한다.

이 세상에서 일곱 사람이 실천하는 행(行)은 각자 다르다. 그 행은 빛이고 빛이 다르다는 것이다. 즉 일곱 제자가 실천한 행이 다르므로 각가지 행의 결과가 빛이며 각가지 빛은 결국 칠보 보석을 의미한다. 칠보 보석은 형형색색 중에 하나의 색이 빛을 발하지 못하면 칠보 보석이 되지 못한다.

일곱 제자가 각자의 빛을 발할 때 '칠각상'을 이루게 되는 것이다.

변자와 화자

한 어리석은 사람이 자기 모습에 취해 세상에 들어서니 오는 사람 가는 사람 모두가 황홀하다고 경탄하지 않는 사람이 없다. 보는 사람마다 '저렇게 잘 생길 수 있을까?'라고 부러워한다. 자신도 '자기보다 잘난 사람은 세상에는 없을 것이야!'라고 생각한다. 그러나 행(行)과 지혜는 잘난 것이 하나도 없다.

그래서 잘난 얼굴을 더욱 돋보이게 하려고 스승이 가르친다.

'세상에서 제일 잘난 것은 사람의 모습으로 태어난 것이고 네 잘난 모습은 세상이 바라는 생명이기 때문이다. 잘 난 네 모습을 바라보는 사람의 마음이나 자신의 마음이나 한마음이 되었으면 좋겠다.'라고 가르쳤다.

그러나 형상과 집착에 쌓여있는 제자는 스승의 말씀을 이해하지 못한다. 스승은 제자에게 며칠 동안 밥을 굶긴다. 또 하루를 굶기니 그 잘난 얼굴의 모습이 검어지고 또 하루를 굶기니 그 얼굴의 모습이 노랗게 되고 또 하루를 굶기니 그 얼굴의 모습이 하얗게 변해 갔다. 배고픈 얼굴은 하루하루 굶을 때마다 검게 변해 갔다.

세상 사람들이 이 얼굴을 보고도 잘났다고 할 수 있을까?

그런 모습을 보고 세상 사람들이 '저 얼굴이 많이 수척해졌구나! 병색이 다 됐구나!'라고 한다. 며칠을 더 굶겨서 바깥으로 내보내니 또 이와 같은 내용의 말들이다. 그래도 제자는 공부하겠다는 생각은 없고 자신의 잘난 얼굴만 자랑하고 싶은 생각뿐이다.

또 하루를 지나 나가보니 아직도 지나가던 사람이 간혹 잘났다 하니 어깨가 으쓱해서 들어온다. 스승은 칠 일을 더 굶겼다. 제자의 모습은 그야말로 피골이 상접하는 상이 되었고 그 모습을 보고 잘났다고 말하는 사람은 아무도 없었다.

스승은 제자에게 밥과 책을 주면서 밥을 먹고 책을 보라 한다. 밥을 먹고 책을 펴보니 첫 장에 '자'는 '생'이고 '생'은 '행'이니 '행'은 '수'다. '자생행수'란 말이 첫 장에 나온다.

'자생행수란 육신의 생명은 부모로부터 받았지만, 세상을 살아가고 있는 생명은 스스로 깨쳐 나와야 한다. 너 스스로 깨치지 못했는데 어찌 잘났다고 할 수 있겠는가?'라는 뜻이다.

둘째 장을 넘기니 '상화상'이란 말이 나온다. 너의 상(象)이 빛이라면 네 얼굴은 살아있고 네가 살지 않고는 얼굴도 없고 모습도 없는 것이다. 네 스스로 잘난 모습을 재현할 때 잘난 것이 있고 빛이 되는 것이다.

셋째 장을 넘기니 '생'은 '상'이고 '상'은 '변'이라는 말이 나온다. '생상변'이다. 잘난 것은 하루하루 자기의 모습이 나와야 거듭거듭 잘난 모습이다.

'아하! 이것이 내가 해야 할 일이구나! 세상은 나를 공부하는 모습으로 바꿔놓기 위해 내 얼굴이 잘났구나!'하고 깨치고 보니, 그 스승은 몇 자를 남기고 떠나고 없다.

스승은 다른 사람들에게 "'생상변'이 되어서 오는 사람이 있거든 '화자'로 가라!"고 가르쳐주라 하신다.

'화자'는 왔던 길을 다시 돌아가면 있으며, 다시 돌아선 '화자'는 '변달'이고 '변자'는 '화자'이니 '수화천'에 가서 '목화생불' 하라. 그곳에 가면 그대를 가르치던 스승을 만날 것이라고 한다.

그 길을 돌아 나온 것이 현세의 육신을 받아 이 세상에 태어난 것이다. 과거의 나의 잘난 모습이 화려했던 것을 이 세상에서는 배우면서 깨닫고 행하면서 느끼고 증명하면서 재현하는 것이다. 이 법을 지키고 깨달을 때 '변자'와 '화자'의 모습, 즉 네 모습을 다시 보여줄 것이다.

자기완성을 이루지 않고서 내 모습을 잘났다고 할 수 없고 육신의 상에 집착하면 스스로 고행(苦行)으로 가는 것이고 또 세상에는 업만 짓고 가는 것이다.

'변자'와 '화자'란 배움과 실천과 노력으로 변천해 가는 것이고 세상의 이치이다. 이것을 깨달아야 한다는 것을 스승으로부터 가르침을 받는다.

화자: 행과 마음이 형상과 같이 잘났을 때 즉 자기완성을 이룬 사람
변달: 겁에 묶이지 마라. 고정관념과 고정된 시간에 묶여 있는 한 어리석음에서 벗어날 수 없다.
변자: 다시 태어나서 형상에 집착하는 사람
수화천: 자신이 배운 것을 실천상으로 밝혀주는 세상.
목화생불: 끊임없는 배움과 실천으로 세상을 위해 실천해주고 갈 때 자기완성이요 자신의 성불(成佛)이다.

십상과 십장

지팡이를 짚은 백발노인이 서산에 해는 지려 하고, 갈 길은 멀어 걸음을 재촉하고 있었다. 해지기 전에 이 고개는 넘어야겠다고 생각하니 쉴 수도 없다. 한참 바삐 올라가고 있는데 맞은편에서 오던 젊은이가 길을 묻는다.

노인은 갈 길이 바빠 대꾸도 하지 않고 자신의 길을 간다. 젊은이는 끈덕지게 노인의 팔까지 붙잡으며 남쪽이 어디냐고 묻는다. 노인은 화가 나서 지팡이로 젊은이의 머리를 내려치고는

"그대는 '십상'을 아느냐?"

젊은이는 흠칫 놀랐다.

"십상도 모르는 것이 어떻게 길을 나섰느냐?"

"양팔을 벌리고 서 있는 것이 십상이니 십상을 하고 해 뜨는 쪽을 바라보면 오른쪽이 남쪽이니 그쪽을 찾아가라" 한다.

젊은이는 그렇게 하여 길을 찾아보니 노인과 반대쪽으로 길을 가야 했다.

젊은이는 '머리가 백(白)이면 성(性)도 백이구나!'라는 생각을 하면서 한참 걸어갔다. 마침 술에 취한 사람이 비틀거리면서 걸어오고 있었다. 젊은이는 술 취한 사람에게 조금 전에 노인에게 머리 맞은 것을 화풀이라도 하듯이 머리를 냅다 내리쳤다.

"너 이놈! 십상을 아느냐?"

술 취한 사람은 난데없는 충격을 받고 정신을 가다듬으려고 안간힘을 쓴다.

"십상을 아느냐?"라고 다시 한 번 얘기한다. 그제야 말을 알아듣고는 술 취한 사람은 '십상' '십상' '십상' '십장'........, '십장'하면서 한참 중얼거리더니

"아하! 내가 정신 차려야 하겠구나!"라며 크게 깨닫는다.

미래를 어떻게 살아갈 것인가는 전혀 생각하지 않고 하루하루를 즐기며 살아가는 우리에게 분별심을 일깨워 주는 얘기이다. 가르쳐 준 대로 지키지 못하고 이끌어 준 대로 실천하지 못하는 마음을 다시 한 번 일깨워 주는 것이다.

우리는 이 세상에 태어나기 전에 무수한 세월 동안 수행과 정진을 해왔다. 공부한 것을 이 세상에서 실천하기 위해 자원(自願)을 해서 태어났다.

그래서 이 세상의 어떤 어려움이 닥쳐도 그것을 넘어설 수 있는 능력이 있다. 그러기 때문에 자기중심이 바로 있어야 하고 그래야만 자신이 세상의 중심이 되고 이룰 수 있기 때문이다.

십상과 십장이란 사리 분별을 모르고 살아가는 사람을 제도하는 법이다.

십상: 사리 분별없이 살아가는 사람

십장: 배운 대로 행하고 노력하는 사람

詩 신문 / 원종

쓰레기처럼 어제를 줍는다
아픔이 머물러 있는
마른 슬픔이 가슴을 찢고
숨어있던 울분이 벌떡 일어나는
소용돌이치는 혼돈
삭아 내리다 되살아나는
잊어야 할 뒤엉킨 발자국
다시는 오지 마라
속절없이 보내야 하는 눈 시린 하루

詩 여유 餘裕 / 원종

찻잔에 맴도는 매화 향기
빛바랜 삶의 외로움 풀고
저물어 가는 황금들판
머물고 싶은
휑하니 달려온 숨찬 하루의 끝자락
빈곤 속 가득 고이는
허허로운 반추의 세월
소리 없이 머물다 부르는 삶의 빈 장터

두 사람의 절친한 친구가 있었다.

이 둘은 바로 이웃에서 담을 사이에 두고 친하게 살고 있었다. 한 친구의 집은 아주 부유하게 살고 다른 친구는 아주 가난하게 살아가고 있었다. 부잣집의 '지견'은 중 · 고등학교를 거쳐 최고의 학부까지 교육을 받았다.

그러나 가난한 집의 '도공'은 초등학교만 겨우 졸업하고 돈이 없어 일찍 세상 공부를 하러 집을 나섰다. 도공의 아버지는 집을 나서는 도공에게 당부의 말을 한다.

"아버지라는 뜻을 배우게 되면 집에 돌아오고 그렇지 못하면 돌아오지 말라."

십 년의 세월이 흘러 지견과 도공은 고향으로 돌아오는 길에 우연히 중간에서 만난다. 반갑게 손을 마주 잡으며 옛날의 순수한 감정으로 회포를 풀었다. 같이 고향으로 돌아와서 며칠을 보내던 어느 날 지견은 도공의 무엇이 그렇게나 못마땅한지 사사건건 그렇게 하면 안 된다고 하면서 계속 도공을 나무란다. 지견은 어쩌다 동네 사람이 누구든 옆에 있기만 하면 도공에게 더욱 노골적으로 무시하는 말을 했다.

날이 가면 갈수록 더욱 그 정도가 심하게 되자 지견의 아버지는 마음속으로 뿌듯했다.

"자기 아들이 역시 배운 것이 있어서 그렇구나."

반면 도공의 아버지는 생각한다.

"저놈이 세월을 잘못 배웠구나!"

어떻게 하면 좋을까 걱정하기 시작했다. 그러다 보니 동네 사람들은 모두 '역시 지견이다'하면서 지견을 우러러보기 시작한다.

어느 날 아침 개울가에서 도공이 세수를 하고 있는데 지견이가 왔다. 마침 개울 주위에는 아무도 없었다. 지견은 도공이 세수하는 걸 보고 또 지적한다.

"도공아! 너는 세수를 하면서 그렇게 물을 내뿜으면서 세수하니?"

그러자 도공이 묻는다.

"그럼 너는 어떻게 세수를 하는데?"

지견은 물을 내 뿜지 않고 아주 얌전히 세수한다. 그것을 보고 도공이 말한다.

"아니! 세수를 그렇게 하면 네 앞가림만 하게 되잖아? 나처럼 세수를 해야 더러운 것은 무거우니까 내 얼굴 바로 앞에 떨어지고 맑고 깨끗한 것은 멀리 내뿜어야지! 배운 것은 세상을 위해 내뿜어야 되잖아!"

이 말을 들은 지나가던 동네 사람들이 고개를 끄덕이면서 도공이 했던 말을 다른 사람들에게 모두 전하기 시작했다.

자신이 배운 학문은 자신이 실천해보고 난 뒤에 세상을 위해 다시 내놓아야 한다. '도공학'과 '지견학'이란 학문은 입으로 말로써 전하는 것이 아니고 실천하는 행동으로 보여주어야 한다는 것이다.

도공학: 배운 것을 세상을 위해 실천하고 후세에게 전해주는 것.

지견학: 배운 것을 자신의 안위만 생각하여 실천하는 것.

반자의 녹

항상 성실하고 열심히 즐겁게 일하는 사람이 있었다. 이 사람은 자기가 하는 일에 도취 되어 시간 가는 줄 모를 만큼 너무 열심히 일하다 보니 때로는 점심도 굶고 일하는 날이 비일비재했다.

어느 날 이 사실을 알아차린 아내가 점심을 정성스럽게 만들어서는 남편이 점심 식사를 잊어버리지 않도록 점심 보자기를 남편의 옆구리에 묶어 주었다. 남편은 아내의 정성과 관심에 감복하고 점심 식사를 잊지 않겠다는 약속의 인사를 하면서 일터로 나왔다.

그날도 열심히 일하다가 배가 고픈지라 '아! 점심때가 되었구나!'하고 점심은 먹으려고 보자기를 풀어헤치니 정성스럽게 싸준 점심밥에서 쉰내가 나지 않겠는가! 점심때가 훨씬 지난 뒤라 점심밥이 그만 변해버린 것이다. 남편은 아내의 정성이 안타까워 변한 밥이지만 아깝기도 하고 또한 배도 고픈 터라 물가에 가서 맑은 물에 변한 냄새를 없애려고 밥을 씻었다.

'나는 밥을 먹는 것도 행을 해야 하는구나!'하고 생각하면서 밥을 씻었다. 밥을 씻어주던 맑은 물이 흘러가면서 말을 한다.
"반자의 녹이 랍니다."
"반자의 녹이라니?" 하고 깜짝 놀란다.

'반자의 녹'이란 세상을 위해 일하는 사람에게는 세상의 모든 것이 베풀어진다는 뜻이다.

제불공덕

어느 날 오랜만에 도반(道伴)이 찾아왔다.

이런저런 얘기 끝에 신도(信徒) 중에 시주도 많이 하고 가정도 아주 넉넉한 집안의 보살 한 분이 계신다는 말을 했다.

그런데 이 보살님의 신심이 깊은데도 불구하고

첫째 시기와 질투가 많아 자리에 없는 사람을 험담하고

둘째 고집과 자신에게 유리한 대로 마음을 자주 바꿔 혼선을 일으킴이 많고

셋째 타 사찰이나 신도들과 비교하고 항상 너무 잘난 척하는 것이 탈이고

"얘기를 들어보니 신심이 깊은 사람이 아닐세. 여인의 병이야."

"여인의 병이라니 무슨 말인가?"

"여인은 세 가지 중에 보통 한 가지는 갖고 있다는 말일세!"

"어떻게 하면 좋은가?"

"철이 들어야지!"

"철은 언제 드는데?"

"대체로 오십이 넘으면......,"

"그 여인은 육십이라는데!"

"육십이니 중생의 병이야!"

"중생의 병은 어떻게 해야 고칠 수 있나?"

"고치면 성불인데......, 고치기 힘든 병이야. 세월이 약이야. '제불공덕'이란 말이 있어!"

제불공덕을 길게 설명해 주었다.

한 여인이 이른 아침에 법당에 가서 맑은 청수를 부처님 전에 공손히 올리고는 자신의 공덕을 이루기 위해 열심히 서원의 기도를 했다. 그리고 아침 밥을 하고는 논밭에 나가서 열심히 일한다. 새참 때가 되어 쉬면서는 절로 신세타령을 한다.

"아이구! 내 팔자야! 나는 어찌하여 이다지도 팔자가 사나운가?"

점심을 먹고 쉬는 시간에도 또 한탄한다. 일하다가 오후 새참 때가 되어 쉬면서 또 한탄한다. 저녁 시간이 다 되어 부처님 전에 청수(淸水)를 비우러 간다. 청수를 비우고 나와서 또 신세타령이다. 이튿날 아침에 또 부처님 전에 청수를 올리며 또 자신의 공덕을 서원한다.

청수를 올릴 때의 마음은 부처님 전에 오늘 하루도 부처님의 공덕을 찬양하면서 모든 중생이 세상을 위한 하루가 되기를 기원하고 삼라만상의 공덕의 고마움을 느꼈다. 청수를 비운다는 것은 모든 중생이 번뇌와 망상을 비우는 마음을 의미한다. 그리고 밤을 맞이하면 편안한 잠자리가 되어 내일의 일을 잘할 수 있도록 기원하는 것이다.

우리는 내 손으로 힘들여 공덕을 지어 놓고는 일하다가 쉬는 시간에 자신의 입으로 한탄을 하면서 자신의 공덕을 도로 쏟아버리며 살아가고 있는 것이 아닐까 생각해 볼 일이다.

'제불공덕'이란 과거세에서 배우고 느끼고 실천한 것을 현세에서 이것을 다시 깨닫고 실천하고 가는 것을 말한다.

은행과 적행

서로 얼굴도 모르는 두 사람이 동시에 여행을 떠나게 된다. 각자의 방에는 두 개의 여행용 봇짐이 꾸려져 있었고 각자 그중에 마음에 드는 봇짐을 골라서 가게 했다.

한 사람은 금과 은을 비롯해 각종 보물이 가득한 아주 무거운 봇짐을 골라 오른쪽 길로 떠나는 '적행'의 봇짐이다. 또 한 사람은 빈 보자기가 세 개 들어있는 빈 봇짐을 골라 들고 왼쪽 길로 출발하는 '은행'의 봇짐이다.

두 사람은 출발지도 목적지도 같았지만 출발해서 가는 방향의 길은 달랐다. 석 달 뒤에 두 사람은 서역으로 가는 교차점에서 만나게 된다. 은행의 빈 봇짐을 짊어진 사람이 땀을 뻘뻘 흘리면서 왔다.

"어디까지 가세요?"

"서역으로 갑니다."

"나도 그곳에 가는데 같이 갑시다!"라고 하여 두 사람은 며칠을 같이 먹고 걷고 자면서 동행했다.

어느 날 적행의 봇짐을 가진 사람이 자꾸만 뒤처지기 시작했다. 은행은 가만히 생각해 보았다. 그동안 적행의 금과 은으로 먹고 자고 지내기는 아주 편했으나 이러다가는 정해진 날짜에 서역까지 도착하지 못할 것 같았다. 그래서 적행에게

"그동안 호의는 고마웠소! 나는 서역에 도착할 날이 정해졌기 때문에 시간을 맞추려면 같이 갈 수 없겠소!"라고 한다.

"당신은 서역까지 가는 보따리가 비었는데 그걸로 어떻게 서역까지 갈 수 있겠소? 그러니 나하고 같이 가야 굶지 않고 갈 수 있을 것 아니오!"

그러자 은행은 자신의 빈 바랑을 풀어서 보여준다. 그 속에는 또 빈 바랑 세 개가 들어있었다. 빈 바랑마다 글자가 쓰여 있었다.

하나는 '노'자가 또 하나는 '자'자가 다른 하나는 '불'자가 적혀있다. '노자불'이란 글을 보고도 적행은

"그 빈 보자기밖에 없는데 어떻게 서역까지 갈 수 있겠소? 나와 같이 이렇게 금, 은, 보석을 가지고 가야 서역까지 쉽게 갈 수 있을 텐데……, 그러지 말고 나하고 같이 편하게 갑시다!" 라고 한다.

은행은 적행에게

"말씀은 고맙지만 아무리 생각해도 먼저 떠나야 할 것 같소."라고 하직 인사를 하고는 서역을 향해 먼저 떠났다. 은행은 배가 고프면 일을 하고 밥을 먹으면 걷고 하여 약속된 날짜에 서역에 도착했다.

한편 적행은 무거운 바라짐 때문에 걸음은 점점 느려지고 몸도 지치니 걷는 것보다 쉬는 시간이 많아져 약속된 날짜에 도착할 수 없었다. 먼저 도착한 은행은 그 교차점에서 만난 것도 인연이라 생각하고는, 적행에게 도와줄 수 있는 방법이 없을까 하고 생각했다. 아무래도 자신이 직접 도와줄 수 있는 방법은 없을 것 같았다.

"하늘이여! 잠시나마 나와 인연된 적행이 무사히 목적지까지 도착할 수 있도록 도와주소서! 나의 노력과 땀으로 대신하겠습니다!"라고 하늘에 기원했다.

은행의 그 서원 때문인지 적행이 가는 길 앞에 갑자기 장대 같은 비

가 쏟아지더니 홍수가 되어 나타났다. 적행은 홍수를 만나 그 무거운 바라짐을 몽땅 떠내려 보내고 빈털터리가 되었다. 그제야 서역을 향해 가벼운 걸음을 옮긴다.

이 세상은 혼자 살아가는 것이 아니다. 인연과 더불어 세상을 열어 가는 것이다. 인연을 이끌어 주고 세상을 위해 배우고 느낀 것을 실천하는 삶이 성불의 길이다.

은행: 깨달은 사람. 바른 실천을 하는 사람.
적행: 형상과 물질에 생각이 붙잡힌 사람.
노자불: 바른 실천을 하면 복록이 바로 보상이 되는 것을 말한다.

가일목타

어떤 사람이 쉴 틈 없이 열심히 일하며 살아왔으나 어느 날 자신을 돌이켜보니 해놓은 것이 하나도 없다. 그래서 세월을 원망하는 투로

"세월아! 세월아! 너는 어찌 눈이 없어 보이지 않느냐? 귀가 없어 듣지를 못하느냐? 입이 없어 말하질 못하느냐!" 하면서 세월을 찾았다.

저만치 가던 세월이 뒤를 돌아보고는 대답한다.

"내가 당신을 십 년 전에 보고 지금 다시 보니 아주 훌륭한 스승이 되었구려!"

세상을 위한 일을 하다 보면 세월과 세상이 먼저 알고 있다는 것이다.

우리는 다른 사람들의 눈을 너무 의식한 나머지 스스로 중생이 되고 또 그러한 중생의 잣대로 생각하고 중생이 바라는 바를 이루려고 하니 영원히 중생의 틀을 벗어나지 못하는 것을 경계한 것이다.

'가일목타'란 세상을 위한 일을 하는 것이 자신의 완성의 길이라는 뜻이다.

한 사람이 거리에서 고함을 지른다. 세상에다 큰소리로 욕을 하며

"나는 왜 이리 복이 없느냐! 먹을 것이 없느냐! 세상이 왜 이러냐! 이놈의 개 같은 세상……"

지나가는 이 사람 저 사람을 쳐다보며 고함을 쳐보지만 들은 체도 하지 않는다. 모두들 힐끗힐끗 쳐다보며 자신의 갈 길을 갈 뿐이다. 술에 취해 그러려니 하고 아무도 관심조차 주지 않는다.

삼 일이 지나자 이 사람은 그동안 아무것도 먹지 못했으니 힘이 빠져 정신이 몽롱해지고 거의 탈진한 상태가 되었다. 힘이 없어 고개를 푹 숙이고 있더니 마지막으로 힘을 내어 일어서서는 다시 욕하기 시작했다.

"나는 나쁜 놈이다! 나같이 나쁜 놈은 세상에 없을 것이다! 나 같은 사람은 이 세상에 있어서는 안 된다!"

마지막 발악을 하듯 하고는 쓰러졌다. 그 얘기를 들은 지나가던 한 나그네가 가까이 와서 묻는다.

"당신은 무슨 잘못을 했기에 그렇게 자책을 하시오?"

그러자 쓰러져 있던 그 사람이 말한다.

"여보시오! 나는 배가 고파 얘기를 못하겠으니 먹을 것을 좀 줄 수 없겠소?"

나그네는 "그럽시다"라며 자기 손을 내밀어 부축해서 일으킨다.

자신이 처한 상황을 두고 앞선 사람을 욕하고 원망할 것이 아니라 자신의 할 일을 찾아 실천해야 함을 이야기한 것이다.

자신의 할 일을 찾지 못하면 자신을 되돌아보고 반성과 참회할 때 비로소 구원의 손길이 닿는 것을 의미한다.

또한 자신의 할 일을 실천하다가 힘든 고난의 역경을 딛고 일어설 때 세상은 구원의 손길을 내민다는 것이다.

반자: 앞선 사람(먼저 이 세상에 온 사람)이 해야 할 일을 두고 가버린 것을 말한다.

부현고: 앞선 사람의 어리석음을 이어받아 앞선 사람을 원망하는 것을 말한다.

노스님께서 제자 세 사람과 함께 구도의 길을 나섰다. 만나는 인연마다 온갖 설법을 해주시는 스님의 모습에 제자들은 속으로 감복하며 따랐다.

점심때가 되어 일행은 어느 주막으로 들어갔다. 일행은 점심 식사를 맛있게 먹는 중에 대사는 막걸리를 시켜 제자들에게 권했다. 아무도 먹지 않고 사양을 하자 대사는 잘됐다는 듯이 혼자 막걸리를 드시면서 주모와 걸쭉한 농담까지 주고받는다. 그것도 모자라 나중에는 주모를 희롱을 다 한다.

제자들이 보는 앞에서 미안해하거나 주저하는 기색이 조금도 없다. 오히려 제자들이 부끄러워 당황하는 빛이 역력하다.

한 제자는 스님의 꾸밈없고 그칠 것 없는 자연스런 행동에 공경하는 마음이 생겼다. 또 한 제자는 스님의 학식과 이제까지의 언행으로 보아 도저히 이해가 가지 않는다.

술 한 잔이 저렇게 사람을 달라지게 할 수 있단 말인가? 저 모습이 과연 스님의 참모습이란 말인가? 하고 회의를 느끼기 시작했다. 다른 한 제자는 이제까지의 스님의 모습을 믿을 수 없다. 스님의 모습을 가지고는 저렇게 할 수가 없다. 내 어이 이 스님 밑에서 더 배울 것이 있을까? 하고 생각이 미치자 더 이상 참지 못하고 바깥으로 나와 버린다.

그날 저녁 공양을 하고 난 뒤에도 낮의 스님의 해괴망측한 일로 제자들은 종잡을 수 없는 생각에 빠졌다. 여러 생각 끝에 결론을 내린 듯 회의를 느꼈던 제자와 주막에서 바깥으로 나와 버린 제자는 스님의 휘하를 떠날 생각을 하고 스님께 하직 인사를 하고 돌아섰다. 스님은 돌아서는 두 사람의 등에 커다란 붓으로 한 사람은 '휘사' 한 사람은 '적사'라고 썼다. 남은 제자는 '휘사'와 '적사'란 말을 아무리 생각해도 그 뜻을 알 수 없다.

길을 떠난 두 제자는 밤새 걸어온지라 피곤했다. 동녘이 뿌옇게 밝아오자 개울가에 자리 잡고 쉬었다. 입고 있던 겉옷을 벗어 앞에 펼쳐 놓고 휘사와 적사의 뜻을 서로에게 물어보나 알 수 없었다. 한참을 쉬었던 두 제자는 다시 길을 떠나 끝내 돌아오지 않았다.

한편 남아 있던 제자는 스님이 잠자리에 들자 바깥에서 꿇어앉아 저녁 인사를 올렸다.

"스님! 편안히 주무십시오!"

"해탈의 경지에 가는 사람은 육신의 예를 다할 것이 아니라 마음의 예만 하면 된다."

스님의 말씀을 들은 제자는 용기를 내어

"스님! 주무시지 않으면 한 가지 여쭈어도 되겠습니까?"

"그래! 들어오너라!"

"저녁에 두 사람이 떠날 때 휘사와 적사라고 등에 적었습니다. 저는 이제껏 아무리 생각해도 그 뜻을 모르겠습니다."

"휘사는 날아다니는 세월의 새이고 적사는 세월을 밝히는 새다. 내가 바람 새(세월 따라 다니는)에게 보여준들 보지 못하는 새는 천만번을 가르친들 보는 눈 없구나!"

해탈의 경지는 흉내도 내지 말고 흉도 보지 말며 자신이 배우고 깨쳐야 비로소 느끼고 바로 보이는 것이다. 보는 것이 능사(能事)가 아니고 깨닫는 것이 능사이다. 아무리 제자가 많아도 상좌는 한 사람밖에 없다. 상대의 지식을 노릴 것이 아니라 참모습을 보아야 할 것이다.

휘사와 적사라는 말조차 모르는 두 제자는 떠나고, 남아서 그 뜻을 알려고 노력하는 제자가 참된 제자라는 뜻이다.

이런 사람은 어떤 고난과 고통이 오더라도 그 경지를 넘어설 수 있고 세 제자 중에서 참된 제자를 가려내기 위한 노스님의 취중 언행이라 생각된다.

휘사: 세월만 허송하는 사람

적사: 자신의 할 일을 하여 세월을 밝히는 사람

추단과 목향

여래께서 수보리에게 물었다.

"수보리야! 세상을 보았느냐?"라고 물으니 답이 없다.

"사십 년 동안 살아오면서 수보리가 살아왔던 길을 되돌아보면 입었던 옷 음식 문명의 혜택, 물, 나무 등, 어느 것 하나 세상의 보시 아닌 것이 없고 그 보시 덕택으로 이제까지 그대의 생명이 유지되고 있었노라! 저기 가는 저 백발노인을 보고 그대는 무엇을 생각하느냐?"

수보리는 또 대답이 없다.

"모든 생명은 제각각 할 일이 있다. 이것을 '추단'이라 한다. 수보리는 배우고 행하라! 저 노인을 형상으로만 보면 백발이 그대와 다를 뿐이다. 그러나 저분은 그대에게 무량 보시의 공덕을 가져다주었다. 물론 직접 갖다주지는 않았지만, 그대보다 사십 년이나 더 오랜 세월을 살아오면서 그대에게 베풀어준 공덕은 이루 말할 수 없노라. 노인이 일생 동안 베풀어 온 것이 바로 '목향'이다. 그 향은 아무리 먹어도 취하지 않는 것이다."

생명마다 자신의 할 일을 다 할 때 세상으로부터 받은 자비의 갚음이요 또 자신에게는 자기완성의 길이요 성불(成佛)의 길이다.

추단: 세상을 위해 해야 할 일.

목향: 세상을 위해 해야 할 일을 다 했을 때 즉 베풀어 놓은 공덕을 말한다.

말을 탄 사람과 고삐를 쥔 사람

친구가 오랜만에 찾아왔다.

술이 거하게 취하자 요즘 같은 세상에서는 사업하기 힘들다면서 여러 가지 힘든 상황을 얘기했다. 그런저런 얘기를 하면서 어느새 두 사람은 월천산을 오르고 있었다. 전망이 좋은 언덕 위에 앉아서도 친구의 얘기는 계속 되었다.

그런데 저 멀리 오른쪽 산모퉁이에서 하얀 도포를 입은 사람이 말을 타고 그 옆에는 초라한 옷을 입은 사람이 고삐를 잡고 말을 끌면서 가고 있었다. 옆에 있던 누군가가 그 모습을 보고 말을 했다.

"말을 타고 가는 사람은 인품이 당당해 보이고 말을 타고 다닐 인품다워 보인다. 말고삐를 쥐고 가는 사람은 그 형상 그대로구나. 그 짓밖에 못 하겠네."

그러는 사이 두 사람은 왼쪽 산모퉁이로 사라졌다.

도포 자락을 바람에 날리며 가는 사람을 보고 모두 한순간 부러워했다. 언제 나에게도 저런 시절 올까? 하고.

이번에는 왼쪽 산모퉁이에서 똑같은 그림이 나와서는 오른쪽으로 사라졌다. 마치 활동사진처럼……..,

이번에도 모두 말 위에 앉은 사람을 부러워하면서 또 그렇게 말을 한다.

그러자 한 노인이 일어나서는 점잖게 말씀을 한다.

"조금 전에는 말을 탄 사람과 말고삐를 잡은 사람이 바꿔 탄 것 같소!"

"무엇을 보고 그렇게 단정적으로 말씀을 하십니까?"

한 젊은이가 따지듯 질문을 했다. 그 노인은 자신의 긴 턱수염을 만지면서 "올 때는 턱수염이 있는 사람이 말 등에 앉아 왔고 갈 때는 턱수염이 있는 사람이 말고삐를 쥐고 갔다."

모두 말이 없다.

그 노인의 분별력에 마음속으로 모두 감탄하면서 무안했다. 더 이상 그 자리에 머무를 수 없었다. 순간 부끄러운 마음을 감출 수 없어 친구를 재촉하여 혼자 먼저 산을 내려왔다. 친구는 노인의 다음 말을 기다리는 것 같았다.

나중에 뒤따라오면서

"모든 사람은 말 위에 앉은 사람을 부러워하며 살아간다. 지위가 높은 것을 부러워하고 물질이 풍부한 것을 부러워하고……., 하지만 말안장에 앉은 사람은 남의 덕에 타고 가는 사람이다. 말고삐를 잡고 가는 사람은 자기 발로 땅을 밟으면서 걸어가기 때문에 직접 체험하면서 실상을 다 느끼고 가니 그 사람이 바로 주인이다"하고 중얼거린다.

"아 그렇구나!"

우리는 이 세상에 어렵게 육신을 받아 왔다. 그렇기에 어떤 고통 어떤 고난도 즐겁게 생각하고 넘어가야 할 것이다. 왜냐하면 이런 고통과 고난은 자신이 이 세상에 온 과제(課題)를 찾아가는 과정이고 또 자신의 과제를 풀어가는 것이 자신의 해야 할 일이기 때문이다. 과제가 있어 즐겁다는 마음으로 나의 과제를 풀고 넘어설 때 자신은 성불의 길로 들어서게 되는 것이다.

걸어가는 사람은 행하고 가는 사람이요 말 등에 탄 사람은 탐하는 사람이다.

묘상과 학

문수보살께서 그동안 수많은 수보리에게 지혜의 학문을 끝없이 설법하였다. 어느 날 설법을 마치시고는

"내가 그동안 많은 설법을 하였다. 각자가 이해했으면 행동으로 모습으로 표현할 수 있을 것이다. 오늘 나의 설법을 형상으로 재현해 보라!"라고 하시고는 나가셨다.

한참 지난 뒤에 문수사리동자가 강당으로 들어와 보니 수보리들이 갖가지 형상으로 자세를 취하고 있었다. 문수사리동자는 '큰일 났구나!' 하고 생각하고 문수보살전으로 헐레벌떡 뛰어갔다.

"보살님! 강당에 있는 수보리들의 모습이 가지각색입니다."

"어떻게 하고 있더냐?"

"천태만상입니다!"

"네가 가서 답해주고 오너라!"

사리동자는 강당으로 가서는 강단에 올라서서 보니 그야말로 천태만상이다.

"누가 이 모양을 보고 답할 수 있는 사람은 나오라!"

아무도 나오지 않는다. 기다리다 못해 그중에 똑똑해 보이는 수보리 한사람을 불러내어 강단 높은 곳에서 수보리들의 모습을 보고 답을 하라 하나 대답이 없다. 할 수 없이 사리동자가 말을 했다.

"수보리들이여! 여러분의 모습은 어느 누구와 똑같은 모습이 하나도 없습니다. 그야말로 천태만상입니다. 천태만상이란 진리는 하나지

만 그것을 받아들이고 행하고 지키는 것은 각자가 모두 다르다는 것입니다!"

문수보살전에 돌아와서는

"보살님! 그렇게 얘기했는데 답이 됐는지요?"하고 묻는다.

"나는 이제까지 수보리들이 답을 가져오기를 기다렸더니 네가 그 답을 가져 왔구나!"

천불상 삼천불상 만불상이라고 하는 것도 일종의 천태만상을 표현한 것은 아닐까?

많은 수보리의 모습이 '묘상'이고 그것을 보고 느끼는 것이 '학'이다.

세상에서 가장 잘생긴 남편을 둔 여인이 있었다.

남편이 워낙 잘생겨서 '바깥으로 돌아다니다 보면 다른 여인들이 탐을 내어 남편의 마음이 자기를 떠나지 않을까?'하는 조바심으로 인해 항상 근심 걱정을 떨쳐 버릴 수 없었다. 남편이 집에 있을 땐 안심이 되지만 집 밖으로 나가기만 하면 항상 걱정이다.

일 년이 지나 이년이 지나니 드디어 여인의 얼굴은 노랗게 변해 아픈 사람처럼 보인다. 남편이

"왜 그러냐? 어디 아프냐?"라고 물어도 대답이 없다. 몇 날을 다그쳐 물으니 겨우 대답한다.

"나의 병은 잘난 당신 때문에 생긴 병이니 고칠 수 없소이다!"

남편은 그제야 안사람의 병을 짐작하고는 아무리 그렇지 않다고 달래 보지만 소용이 없다. 남편도 어느덧 안사람의 병 걱정으로 자신이 병이 날 정도로 근심이 되었다. '어떻게 하면 안사람의 병을 고칠 수 있을까?' 하는 일념뿐이었다.

어느 날 남편은 우연히 약사여래불을 만났다. 너무나 반가웠다.

"부처님! 안사람의 병이 잘 난 나의 모습으로 인해 근심의 병이 생겼습니다. 제발 좀 고칠 수 있는 방법을 알려 주시면 시키는 대로 하겠습니다."

"그래!" 하시고는 잘난 남자를 언청이로 만들어 주었다.

남편은 집으로 돌아와서 안사람에게 낮에 있었던 일을 자랑스럽게 얘기하면서 양손으로 자기 코밑의 갈라진 입술을 들추어 보이면서 말을 했다.

"자! 이러면 이제 당신 걱정 없겠지?"

잘생긴 남편의 얼굴에 갈라진 입술 사이로 허옇게 드러난 이빨을 보고 부인은 깜짝 놀랐다. 부인은 자책하기 시작했다. '잘난 내 남편을 보고 내 마음도 잘났더라면 이런 일은 없었을 텐데. 내 못난 마음이 남편을 불구로 만들었구나!' 하는 생각에 그때부터는 여인의 얼굴이 더 새까맣게 타들어 가기 시작한다.

남편은 이제 안사람의 병을 고쳤겠구나 하는 생각에 그런 모습으로도 기분이 좋아 항상 웃고 다닌다. 여인은 남편의 그런 모습을 보면 볼수록 더 애가 타서 더욱 얼굴이 새까맣게 타들어 갔다. 식욕도 없고 드디어 기진맥진했다.

그런 어느 날 여인도 약사여래불을 만났다.

"어디가 그렇게 아프냐?"

"내 못난 마음으로 인해 남편을 불구로 만들었으니 어떻게 하면 좋습니까?"

그러자 빙그레 웃으시며

"그 말이 진정 그대의 본래 마음이렷다?"

"예!" 하고 대답하는 순간 깜짝 놀라 잠을 깨운 것은 남편이 돌아누우면서 여인의 가슴에 팔을 척 걸쳤던 것이다. 여인은 자기 쪽으로 돌아누운 남편의 얼굴을 보니 어둠 속이지만 잘생긴 남편의 코밑의 입술이 다시 붙어 있는 것이 아닌가? 남편을 깨우지 않으려고 조심스럽게 남편의 코밑에 손을 대어보니 정말로 붙어 있는 것이었다.

한번 갈라졌던 입술이 다시 붙은 그 흔적이 바로 코 밑에 있는 인중이란 곳이다. 우리 모두에게 그런 흔적이 있다는 것은 모두가 한때 그런 일이 있었던 잘생긴 남편과 여인이 아니었을까?

남자는 여인의 걱정처럼 살아가는 것이 아니고 세상을 위한 일을 하면서 살아간다. 이러한 남자도 여인의 아파하는 마음에 자신이 불구가 되는 것도 모르고 여인이 원하는 대로 바라는 대로 해주려고 애쓴다는 뜻이다.

세상을 위하는 남편으로, 세상의 일을 할 수 있는 남편으로 또 자식을 큰 사람으로 키우고 싶은 여인은 자신의 마음 그릇부터 크게 가꾸어야 할 것이다.

'직고'는 갈라진 입술을 말하고 '직고적'은 다시 붙여 놓은 입술의 흔적 즉 지금의 인중을 말한다.

詩 꽃상여 / 원종

허무는 보이지 않는다
미련과 아쉬움을 뿌리며
산을 오른다

솔가지에 걸려
애착은 투-욱 끊어지고
절망이 떨어진다

미지의 세계
끝이 나자 시작이다

승천하듯
이 땅의 마지막 몸부림
눈물겹다

모두 버리고 왔다
망각의 바다
고요 속에 다시 세상 하나 열린다

라광목·수광목·보수천

무량수전에서 공부하던 한 수보리가 수행은 하지 않고 게으름을 피우는 것을 보고 스승은 말씀하신다.

"수보리야! 나하고 같이 바람이나 쐬러 갈까?"

그래서 스승과 제자는 '라광목'에 소풍을 갔다.

라광목에서는 한 수보리가 디딜방아에 손수 쌀을 찧어 떡을 만들어서 여러 사람에게 나누어 주고 있었다. 그 모습을 지켜본 수보리는 그 모습이 너무나 좋아 보였다. 그래서 나도 저렇게 공덕을 닦아야겠다고 마음속으로 생각을 했다. 스승이 제자에게

"수보리야! 너는 저기 저 수보리를 보고 느낀 점이 있느냐?"

"예! 너무나 거룩하게 보입니다. 그래서 저도 저렇게 공덕을 쌓아야겠다고 생각했습니다."

"그러냐?"

그리고 두 사람은 다시 '수광목'으로 갔다. 수광목에 도착하여 보니 '라광목'에서 보았던 그 수보리가 거기에 또 있질 않는가? 스승을 따라 온 제자는 이상하다고 생각하게 된다. 라광목에서 좋은 일을 했던 사람이 수광목에서는 엄청나게 고행을 하고 있었던 것이다.

"수보리야! 그 이유를 알겠는가?"

수보리는 영문을 알지 못한다.

"라광목이란 곳은 공덕 닦는 방법을 바르게 제도시켜 견학불이 될 수 있도록 교육시키는 곳이다. 라광목에서 본 그 수보리가 쌀을 씻으면서 쌀 속에 있는 돌이나 부산물 등을 가려내지 않고 쌀을 씻기만 하여 방아를 찧어 떡을 만들었다. 그렇게 만든 떡은 겉으로 보기에는 돌이나 부산물이 전혀 보이질 않는다. 그 떡을 다른 사람들에게 나누어 먹였으니 떡을 먹은 사람들은 모두 병이 생겼다. 그 떡을 자신만 먹었으면 모르지만, 타인에게도 먹였으니 그것이 잘못된 것으로 죄업을 짓게 된 것이다!"라고 하신다.

그것은 자기 자신을 속이는 것이 되고 또 자신의 참된 행이 부족했다는 것을 느껴야 한다. 겉으로는 깨끗하고 흰 떡이나 모든 사람에게 돌과 모래를 섞여 먹인 것이다.

"수보리는 오늘 저 수보리를 보고 무엇을 느꼈는가?"

수보리는 또 대답이 없다.

그 떡을 모든 사람에게 나누어 먹였으니 떡을 먹은 사람들의 피를 탁하게 만들었다. 라광목에 있는 수보리는 자신의 잘못이 무엇인지도 모르고 있다.

그 수보리의 행적기록을 '수광목'에서 펼쳐보면 낱낱이 알 수 있는 것이다. 그래서 그 떡을 먹은 모든 사람을 건사하는 보살성을 하기 위해 수광목에 들어선 것이다. 수광목은 라광목에서의 잘못한 행을 수광목에서 재현하는 과정에서 다시 바르게 실천하도록 가르치는 곳이다.

수광목에서 전생의 나의 모든 인연을 건사하고 재현하고 가듯이 우리는 이 세상에 와서 현세에 오기 전의 삶을 실천하고 재현하고 가는 곳이 바로 '보수천' 즉 시방세이다.

벽장풍상

여래께서 설법을 마치고는 열두 명의 제자들에게 병풍에다 자신의 느낌을 각자 한 폭씩 그리게 한다. 각가지의 형상을 자신의 느낌대로 생각대로 모두 다르게 그린다.

모든 사람은 자신이 생각하는 잣대로 살아가고 자신의 눈높이만큼 생각하기 마련이다. 그렇지만 열두 생각을 그린 것이 하나의 병풍이 되니 그것이 장엄하다.

왜냐하면 나름대로 어울려지니 아름다운 한 틀의 병풍이 되는 것이다.

미운 사람, 예쁜 사람, 잘난 척 하는 사람 등등. 모두 각자의 개성이 있고 각자 나름대로의 생각이 하나의 완성된 열두 폭의 그림이 펼쳐지는 것이다.

'벽장풍상'이란 각자의 개성 때문에 어울리지 않을 것 같지만 하나로 엮어놓고 보면 나름대로 어울리는 것을 말한다.

이와 마찬가지로 세상도 개성이 있는 모든 사람이 살아가는 속에서 각자의 직업과 맡은 일이 사소한 것 같아 보여도 이렇게 실천한 결과들이 모여 세상을 움직여 가고 변화시켜 가는 것을 뜻한다.

탈각지

어느 날 천수천안관자재보살이 속눈은 가지고 계시고 중생에게는 겉눈만 주어 이 세상에 보냈다. 이 세상에 겉눈만 가지고 온 중생은 살아가면서 속눈을 찾아 헤맨다. '속눈이 있어야 잘 살아갈 수 있을 텐데'라고 말하면서.

어느 날 이 사람이 밤길을 걸어가다가 꽈당 넘어졌다.
관자재보살이 그 소리를 듣고는
"이것이 무슨 소린가?"라고 묻자 주위에 있던 수보리가
"시방세의 아무개가 겉눈을 가지고 살면서 속눈을 찾아다니다가 넘어진 소립니다!"
"그래? 속눈을 갖다주고 오너라!"

그래서 이 사람은 애타게 찾던 속눈을 가지게 되었다.
이 속눈을 가지고 세상을 보니 겉눈을 가지고 세상을 살아오면서 너무나 많은 잘못을 저질러 놓았다. 어떡할까 고민을 하다가 하나하나 잘못된 것을 고쳐가기 시작했다. 아무리 해도 겉눈을 가지고 살아온 세상의 잘못을 모두 고칠 수 없어 그만 지쳐버린다. 이것을 '탈각지'라 한다.

우리는 중도에서 쉽게 머물러 버린다. 그러나 무슨 일이든 끝까지 인내하고 완성을 시켜야 한다. 이 사람이 낮에 다니던 그 길을 잘 살

폈더라면 밤에 가더라도 여기에는 무엇이 있었지 하며 조심을 하였으면 넘어지지 않았을 것이다.

속눈은 항상 살펴보는 눈으로, 남을 헤아려 보는 눈을 가지고 살아가야 한다는 뜻이다.

남을 배려하는 마음으로 삶을 끝까지 지켜갈 때 완성이요 성불(成佛)을 이루게 되는 것이다.

부처님께서 시방세를 내려다보니 어느 깊은 산속에 먼지가 자욱하게 일어나고 있었다.

"저것이 무엇이냐?"라고 그러자 한 수보리가

"저것은 공부하러 온 수행자가 주기마다 털어내는 먼지올시다. 자기 몸 청소하는 것입니다."

"그래 그 먼지가 형형색색이구나. 그 먼지가 얼마나 많으며, 어디까지 날아가는지 알아보라!"

"먼지는 자신의 키를 벗어나지 못합니다."

먼지는 문을 열고 밖으로 나와서 털어 내야 하는 것이다. 방안에서는 아무리 털어봐야 자신의 머리 위에나, 방안에 도로 떨어진다. 먼지는 대로에 나가서 털어야 하는 것이다.

'작반세사'란 중생제도는 중생이 있는 곳에서 해야 하고 끝없이 제행을 하여야 한다는 뜻이다.

자기 생각에 묶여있는 사람은 결국 자신을 벗어나지 못한다. 행하면서 배우고 느끼면서 깨닫고 가르치면서 행하여야 한다.

비전육전

노스님 한분이 연세가 많아지자 자신의 앞날을 걱정했다.

'이러다가 죽기 전에 정신이 오락가락하여 주위 사람에게 추한 모습을 보이게 되면 어쩌나? 그렇게 되면 제자들에게 폐를 끼치게 되는데 어떻게 하지?'라고 혼자 말을 한다.

그러던 어느 날 노스님은 바람같이 사라져 버렸다. 상좌승은 스님의 방에서 쪽지를 발견했다. '내가 한 것이 있으면 나의 육신은 날아다니는 날짐승이 먹을 것이고 그렇지 못하면 길짐승이 먹을 것이다!'라고 쓰여 있었다. 제자는 이 말을 얼른 이해하지 못한다.

제자들은 며칠을 찾은 끝에 어느 산의 정상에서 스님의 돌아가신 육신을 발견했다. 펄럭이는 스님의 옷자락에는 글이 적혀 있었다.

'내가 극락에 가게 되면 내 육신은 애벌레의 집이 되어 그 애벌레들이 나비가 되고 새가 되어 하늘을 날아다닐 것이다. 그렇게 세상의 만물에게 보여주게 될 것이고, 그렇지 못하고 지옥에 가게 되면 내 육신은 땅 위에 있는 기어 다니는 산짐승들이 먹고 말 것이라!'라고 쓰여 있었다.

상좌승은 그제야 스님이 방에 써 놓으신 글의 의미를 확연히 깨달았다.

한편 입적하신 노스님의 영혼은 저승을 가다 보니 커다란 글씨로 "'비전육전'승(僧)! 환영합니다!"라고 적혀 있다. 마치 자신을 반갑게 맞이하고 있는 것 같았다. 사람들이 많이 모여 손뼉을 치며 환영하는 것을 보면 분명 나를 보고 하는 것 같은데 하고 이상한 생각이 들었다.

그런데 '비전육전'이라니? 내가 한평생 공부를 했건만 저런 말은 들어 보지도 못했는데 무슨 뜻일까? 궁금하기 짝이 없었다. 어떤 사람이 꽃다발을 들고 와서는 자신의 목에다 걸어준다. 스님은 물었다.

"여보시오! 저기 있는 비전육전이란 말이 무슨 뜻이요?"

돌아서던 그 사람이 빙그레 웃으면서

"비전육전이란 당신이 저 세상에서 보여주고 온 행이 비전육전이고 그것은 바로 당신의 이름이었소!"라고 한다.

진생불과 진각불

산사의 여름은 제철 만난 모기들의 만찬(晩餐)의 장이다.

어느 날 큰 스님의 '함부로 살생을 말라'는 요지의 법문이 끝나고 일백여명의 신도들이 조용히 앉아 기도하고 있었다. 기도하는 중에 난데없이 찰싹! 하는 소리가 나더니 자신도 모르게 탄식하는 소리가 들렸다.

"에쿠! 살생했네!"

허허허! 여기저기서 모두 절로 나오는 웃음을 참느라고 애쓰다 보니 기도하는 시간이 금방 지나갔다.

기도가 끝나자마자 우르르 그에게 달려가서 그의 팔뚝을 보고

"진짜 살생했네!"라면서 그동안 참았던 웃음을 소리 내어 마음껏 웃은 적이 있었다.

항상 방생해야겠다고 생각하는 사람이 있었다.

이 사람이 어느 날 밭에 나가 풀을 베다 보니 발에 밟히는 것이 풀이요 밟히는 것이 꽃이요 어느 것 하나 생명을 죽이지 않는 것이 없으므로, 하던 일을 멈추고는 밭둑에 앉아 있었다. 방생해야 함에도 나는 도로 살생하고 있으니 이를 어쩌나! 곰곰이 생각하면 할수록 난감했다.

한 사람이 오더니 밭둑의 풀을 낫으로 척척척 베어버리는 것이 아닌가! 그것을 보고 밭둑에 앉아 있던 사람이 깜짝 놀라면서 말한다.

"여보시오! 나는 걸어가자니 모든 생명을 죽이는 것 같아 이렇게 앉

아 있는데 그대는 어이 생명을 함부로 자르오?"

풀을 베던 사람이 하는 말이

"사람이 먹을 수 있는 것이 녹입니다. 사람이 먹을 수 있는 생명을 저해하는 독은 베어야만 하고 인간에게 유익함을 주는 생명은 살리는 것 이것이 방생이라 생각합니다."

그 얘기를 듣고 크게 깨달아 집으로 돌아온다. 집에 오니 그의 아내가

"여보! 당신이 항상 방생해야 한다고 하시다가 오늘 깨닫고 오는 그 얼굴을 보니 더 훌륭해 보입니다."라고 하며 합장을 한다. 그때서야 다시 한 번 확연히 깨닫는다.

'진생불'은 생명을 살리는 것이고

'진각불'은 어떤 것이 진정한 생명인가를 깨닫고 그 생명을 살리는 것이다.

사관과 주관

사람마다 이 세상에 온 목적이 다르고 또 하고 가야 할 행도 모두 다르다.

지금은 부처님 법을 이해하지 못하더라도 때가 되면 이치를 찾으려고 노력할 것이다. '사관'이란 법은 부처님은 증명하고 사람은 재현하는 것을 말한다.

'주관'이란 나에게 주어진 인연이나 고통은 어렵다고 피할 수 있는 것도 아니므로 오로지 부처님 법 즉 진리를 실천하는 길밖에 없는 것을 말한다.

어떤 사람이 아침 해가 뜨자 행을 하러 밖으로 나가니
"무엇을 하려고 세상에 왔습니까?"라고 묻는다.
"먹고 살려고 왔소!"
"그러면 이 세상은 누가 밝혀줍니까?"라고 한다.

주관이란 이 세상을 위하여 행하여 주고 가야 할 것을 찾는 것을 말한다. 즉 부처님을 대행한다는 것이다. 밥을 먹기 위해 살아가는 것이 주관이 아니다. 언어와 지혜가 부처님만큼 통달하지 못했기 때문에 행하는 것을 가르치는 것이다. 먹고 살아가는 것은 행의 조그만 보상일 뿐이다.

미래세에 오는 생명을 위해 행하고 가는 것이 주관의 설법이다.

우리는 미래세로 가면서 하루하루 죽어간다. 과거에도 주관이란 설

법을 많이 듣고 익힌 사람이

"사관설법을 다시 한 번 들려주십시오."라고 한다.

"지금까지 들은 것은 모두 어디 갔는고?"

"남들은 전부 잘 듣고 익힌 것 같습니다만 사관과 주관의 설법을 하시는 부처님 얼굴을 본다고 못 들었으니 다시 한 번 들려주십시오."

"너 앞에 있는 세상이 보이느냐?"

"부처님 얼굴이 보입니다."

"눈 · 코 · 귀 · 입이 모두 똑같다. 언어와 지혜도 똑같다. 너하고 나하고 차이가 어디에 있느냐?"

"부처님은 어떻게 그 많은 법문을 알고 계십니까?"

"북에도 동서남북이 있고 남에도 동서남북이 있다. 이 세상 어디에도 동서남북이 있다. 각자가 있는 자리에서 동서남북이 있다는 것을 알면 그것이 깨달음이다!"

그래도 제자는 이해가 되지 않아 다시 묻고 답한다.

그래서 제행이란 것이 있다. 제행은 공덕이 되고, 공덕은 실상이고, 실상은 재현이다. 이것이 '주관'이란 설법이다.

'사관'이란 세상을 가르치는 것이고, 사람다운 모습, 즐거운 일을 서로 나누고, 사람답게 살아가는 것이 '주관'이란 설법이다.

끝이 있는가? 증명이 끝이다.

그러나 그것이 끝이 아니고 처음으로 돌아간다.

"언제 그 많은 법문을 다 깨쳤습니까?"

"너의 수명을 아느냐?"

"모릅니다."

"수명은 끝이 없다. 사람됨을 갖추었으면 수명은 끝이 없고, 사람됨을 갖추지 못했으면 생명이 없다. 고통은 너 스스로 건강할 때는 느끼지 못한다. 그것을 보고 느끼고 지키는 사람이 깨닫는 것이다. 고(苦)는 인연에서 생기고 인연에서 멸(滅)한다. 선행 즉 인연을 내가 도와준 그 인연이 나를 수미단에 올려준다. 선행을 얼마나 행해야 하느냐? 그것은 끝이 없다. 그리고 대가를 바라서도 아니 된다. 주관이란 설법을 완성하게 되면 부처가 되고 부처가 되어야 사관설법을 할 수 있다. 돌고 돌아간다. 경험해본 사람이 가르쳐 주는 체험담이 '사관'이란 설법이다!"

제자는 공경하게 예를 표하고 밖으로 나간다.

"어딜 가느냐? 세상으로 가느냐? 집으로 가느냐?"

"세상으로 행하러 가겠습니다!"

"그럼 용화천으로 가거라!"

'용화천'이란 보이지 않는 수많은 공덕과 행을 하여야 하는 것을 뜻한다. 얼마를 닦아야 등천할 수 있겠는가? 제자는 돌고 돌아왔기 때문에 부처님 전에서 사관과 주관이란 설법을 물었다. 이것을 윤회라고 한다.

탁하고 탁한 곳에서 맑은 곳으로, 이 세상에서 제행하고 가는 것이 내 육신의 경(經)이다. 행이 방생이고 극락은 내가 만들어야 한다. 내가 방생하는 행이 될 때 극락이다. 그것을 또 후세는 장엄이라 한다.

장엄이란 말과 글로써는 표현하지 못한다. 내가 살생하지 않고 방생하고 갈 때 다음 세는 불생불멸이다.

주관이란 설법은 내 육신이 행하고 가는 것이다.

어떤 보살행

어떤 보살이 거룩하다고 가는 곳곳마다 칭찬을 받고 이름이 났다. 부처님께서 그 가정에 들어서 보니 빨래는 빨래대로, 설거지는 설거지대로 제대로 된 것이라고는 하나도 없다.

그 가정의 인연에 정해진 사람들은 모두 내가 건사하고 가야 하는 것인 데도 세상일이 바쁘다고 자신의 가정에는 소홀하고 또 집안의 일 하는 것은 게을러 먼지가 쌓였다. 하지만 세상에서는 그 보살이 하는 일이 거룩하고 장엄하다고 칭찬이 자자하다.

그러나 자기 집도 제대로 건사하지 못하면서 어떻게 보살이라 할 수 있겠는가? 집안일에도 조금도 소홀하지 않고 천수천안이 되어, 가는 곳곳마다 천손 만손이 되어 주길 바라는 것이 부처님의 뜻이다.

인연 없이 할 일이 없고 깨달을 수 없기에 나의 가장 가까운 인연을 위해 먼저 보살성을 실천하고 건사하여야 한다. 그리고 세상을 위해 길을 나서야 할 것이다.

말과 행이 일치하고, 안과 밖이 일치하는 삶이 될 때 세상의 빛이 된다는 것을 알아야 한다.

천국화

향기가 너무나 감미로운 꽃이 있었다.

"이 꽃이 무슨 꽃이냐?"

"천국화라 합니다."

"종자는 어디서 왔느냐?"

"천국에서 왔습니다."

"이 종자는 언제 뿌려야 하느냐?"

"이른 봄에 뿌려야 합니다. 봄과 여름에는 향기가 없습니다."

"키워보지 않고서 어떻게 향기가 없다고 할 수 있나? 씨를 받아 올 때는 어떤 향기가 나는지 알았느냐?"

"몰랐습니다."

그런데 세월을 기다려 꽃이 피니 그 향기가 말로 표현할 수 없을 정도로 향기롭다.

이와 마찬가지로 우리가 이 세상에 올 때는 일 년 안에 무엇을 얻고자 하는 것이 아니다. 적게는 하루 일하면 하루의 대가를, 이틀 하면 이틀의 대가를, 사흘 하면 삼일의 대가를 받을 수 있다. 그러나 꽃이 피는 것처럼 인간도 세월이 흘러야 그 결과를 알 수 있는 것이다.

'천국화'는 왜 이 땅에 뿌려졌을까?

이 세상을 위해 또 이 세상에서도 이런 향기가 있으면 좋을 것 같아서 뿌려졌다. 씨앗을 심어 꽃이 필 때까지는 국화인지 쑥인지 잘 모른다.

그러나 세상은 알고 있다. 세상도 그 꽃이 빨리 피기를 바라는 마음은 욕심인지라 꽃이 절로 피는 세월을 기다린다.

꽃이 피기 전까지는 국화인지 쑥인지 분별도 못 하지만 꽃이 피어 국화의 향기를 뿜으니 국화라고 알 수 있다.

벌과 나비가 날아와서 또 씨앗을 만들고 씨앗에 대한 보시를 주고 간다. 그래서 열매를 맺는 것이 국화의 봉양이라 한다. 향기를 세상에 내놓으니 벌과 나비가 날아오고 벌과 나비는 인연으로써 그 인연이 열매를 맺게 하는 것이다.

마찬가지로 사람도 시간을 두고 기다려보아야 그 사람됨이나 그 사람의 향기를 알 수 있다. 그러기에 자신의 성불 또한 인연으로 인해 이룰 수 있는 것이다.

詩 천국화 / 원종

척박한 땅에 뿌리 내렸다.
쑥도 국화도 아닌
천국화로 살아 온 세월 오래

님을 기다리다
몸서리치는 목탁처럼
혼자 울 수도 없고

철없이 님 마중 나서다
지친 외로움
산다는 건 늘 애만 태우나 보다

꽃도 향기도 없는 천국화
님에 안기려다 끊어진 연(鳶)처럼
천국에 님맞이 가려구요

천국화: 극락에서 피는 상상의 꽃. 현세에서 중생(衆生)을 뜻함.

정약산과 활산

한 사람이 이 세상에 와서 세상을 얼마나 열어주고 행하고 가는가?

이 세상에 오는 생명마다 생명의 씨앗을 주었지만, 모두가 훌륭한 씨앗은 아니다. 자신이 꽃을 피우지 못하면 '활산'이 되지 못한다.

이 세상의 모든 부모는 많은 어려움을 가지고 태어나 자기의 씨앗을 꽃피우기 위해, 수많은 노력과 행을 하여 거름이 되어 준다. 그것이 '정약산'에 '활산'의 씨앗을 배출하게 된다.

'화행길도' 즉 길을 닦아 놓았지만, 사람이 다닐 수 있는 길인가? 가는 사람 오는 사람을 위해 비가 내리고 홍수가 닥치더라도 그 길이 건재한가? 이것은 길 닦는 사람이 확인해야 하고 또 뒤에 오는 사람에게는 길 안내를 해야 한다.

'정약산'에 들어서니 뒤따라오는 사람들이 내가 닦은 길을 오면서 '사람다운 행을 하라!' 한다. 사람답게 살아가고 가정을 지키는 사람이 되라고 가르치는 것이 '활산'이다.

정약산에 많은 씨앗을 뿌렸더니 땅에 따라 새싹이 돋아나는 것이 있고 돋아나지 않는 것이 있다. 돋아나는 새싹을 물도 주고 거름도 주고 그렇게 가꾸어 주어야 정약산이 활산이 되는 것이다. 그것은 자신이 하는 것이지 어느 누구도 대신 할 수 없다.

정약산이 활산이 되었을 때 나의 완성을 이룩하게 되는 것이요, 성불이다.

정약산: 세상을 위해 자신이 해야 할 일.
활산: 세상을 위해 자신의 할 일을 다 한 결과가 빛이 되는 것.
생명의 꽃을 피우는 것을 말한다.

장한 일도 많이 하고 선한 일도 많이 하고 이웃의 싸움도 말리고 누가 나쁜 말을 하면 다른 사람에게는 걸러서 말하고 매듭마다 잘 풀어주는 사람이 이 세상에 왔다.

이 사람이 전생에는 매듭을 묶는데 일인자였었다. 그래서 '묶은 것만큼 현세에 와서 잘 풀어 보아라!'하여 이 세상에 왔다. 부부싸움 형제싸움에 매듭을 풀어 모두 그 사람을 보면 존경하고 어떻게 하면 저렇게 선한 일을 할 수 있을까 하고 칭송이 대단하다.

이 세상에서 큰일을 했다고 하여 다음 세상으로 가는 길목에 있는 '수변각'에 왔다. 선하고 착하고 장한 일을 얼마나 많이 하였는지 그녀의 삶을 확인하고자 행적조사를 한다. 극락왕생을 시키고도 남을 만큼 많은 행을 했지만 한 가지 풀지 못한 것이 있었다.

여러 대중에게 '심호득'을 풀어서 제도방편을 많이 해 주었다. 그러나 진작 본인에게 해당하는 한 가지를 풀지 못했다. 그래서 본인은 '수변각'에 앉아서 '구호득'이란 명호를 받고 그것을 다시 풀어 보라는 과제를 받았다.

이 여인이 풀지 못했던 것은 다름 아니라 이승에 왔을 때 자신의 남편이 바람을 피운 것을 용서하지 못한 것이다. 이것 때문에 '수전각'에 들어가지 못하고 백일의 기간를 주어 다시 풀어라! 하여 여인은 그것을 풀려고 노력하고 있었다.

한 여인이 와서 그놈 사기꾼! 또 한 여인이 와서 그놈 죽일 놈! 이렇게 아흔아홉 번째 여인이 와서 그놈 환장한 놈! 그놈이 이승에서 속이더니 저승까지도 속인다고 하면서 온갖 푸념을 한다.

"여보시오! 어떤 사람인데 그렇게 속입니까?"

"그 여인의 이름이 '호득'이다. 그 여인이 누군지 모르지만, 온갖 거짓말과 감언이설로 나의 길을 일찍 열어갈 수 있는 행을 묶어 놓았다."

아흔아홉 명의 여인들이 하나같이 말을 한다.

"호득이란 어떤 여인이 그렇게 독한 사람인지 그 여인을 만나보고 싶어 이승과 저승을 왕래하다가 그것이 한(恨)이 되었다"라고 한다.

'수변각'이 하는 말이

"저 얘기를 들었는가? 아흔아홉 명의 상처의 소리를 들었는가? 그런데도 본인의 상처만 얘기하는가? 나의 그릇은 내가 사용할 때만 내 것이다. 그래서 육신의 갖가지 방편의 길은 많은 행으로써 열어가도록 해 놓은 것이다. 입으로 짓는 행과 마음으로 벗고 가는 행이 다르다. 그러나 마음으로 풀지 못하고, 스스로 마음의 매듭을 묶었으면 이것은 스스로 풀어야지 타인으로 하여금 풀게 해서야 되겠는가?"

수변각의 스승의 얘기를 들은 구호득은 깨달았다.

"아흔아홉 명의 여인이여! 내 자신이 부족하여 내 마음의 매듭을 풀지 못한 것이다. 그대들에게 풀지 못할 한을 심어 이승까지 가지고 오게 했으니, 제가 바로 '호득'입니다.

저승에서 지은 업은 저승에서 소멸시켜야 하지만 이승까지 가지고 오게 해서 미안합니다. 오늘 여기 '수변각'에서 다시 깨닫고 배워 지은 업을 풀고 '수전각'으로 가려 합니다."

구호득: '심호득'을 다시 깨우치게 함.

심호득: 육신으로 지은 업을 행으로 또 마음으로 완전히 소멸시킴.

수변각: 본래대로 가는 길에 모자라는 부분을 다시 수행하는 곳.

수전각: 전생(前生)에서 수행하던 곳.

무조무선

사람은 누구나 이 세상에 와서 자연과 함께 한 세를 살고 간다.

우주에 존재하는 만물은 사람을 위해 희생을 하고 사람을 위해 생명을 바친다. 그런데 '사람들은 왜 자연의 모든 섭리를 저버리고 가는가?' 하는 것이 '무조무선'법이다.

자연은 우리에게 한없는 무량 공덕을 베푼다. 자신의 아픔을 인내하면서 인간에게는 끝없는 보시를 준다. 진실하게 살아가는 모습을 보여주고 진실한 마음을 가르쳐주는 자연을 보고도 왜 우리는 사람다운 형상을 다듬지 못하고 또 사람다운 마음을 나누지 못하는 것일까?

수많은 가르침과 지혜를 들려주어도 지혜의 그릇은 엎어놓고 수많은 부처님의 법화를 담아줘도 자꾸 엎어 버리고 쏟아 버리니, 어떤 그릇을 주어야 여래가 들려주는 복로주를 쏟지 않을까?

인간은 왜 지혜를 가져야 하는가? 어떻게 해야 잊어버리지 않고 모두 가지고 갈 수 있을까?

그래서 문수사리 보살이 '휘당사'라는 문을 두드렸다. '휘당사'란 인간의 지혜는 어떻게 생겼을까? 하는 뜻이다. 지혜의 문은 어떻게 어떤 고리로 되어 있기에 사람들이 지혜를 가지고도 그것을 놓치고 살아갈까? 하는 생각에서 휘당사의 문을 두드린다.

문수보살이 휘당사에 들어서니 문지기가 묻는다.

"무얼 가져 왔느냐?"

내 집을 찾아오는 사람을 보고 반갑다는 인사는 못하더라도 "무얼 가지고 어떻게 왔느냐?"라고 묻는다.

문수보살이 조그만 물품을 주자 그제야 문지기는 문을 조금 열어주고는 "반갑습니다!"라고 한다.

두 번째 문을 두드리자 또 문지기가 커다란 그릇을 앞에 두고는 말이 없다. 이것이 무슨 의미일까? 하고 생각하신다. 그런데 문지기가 하는 짓이 그 큰 그릇을 앞으로 내밀면서 거기다가 무엇을 담으라는 시늉을 자꾸 한다. 한참 그릇을 쳐다보고 있으니 더 기다리지 못하고 말을 한다.

"앞에서 준 것은 앞사람 것이고 나를 거쳐 가려면 나에게도 무엇을 달라!"고 하여 가슴속에서 흰 봉투를 하나 담아주니 문을 열어주었다. 그것도 겨우 코하나 숨 쉴 정도만 열어준다.

한 사람을 새로 사귀는 과정에서도 자신의 마음이 먼저 경계가 없어야 한다. 작은 생명 작은 육신 작은 두뇌를 가졌지만, 우주의 모든 섭리를 이 몸에 가졌기 때문에 소우주라고 한다. 모든 부처님의 지혜를 이 육신에 모두 심어주었다.

지혜의 성(性)이 없는가?

지혜의 마음이 없는가?

지혜의 행이 없는가?

이것을 점검하고 찾기 위해 문수보살이 지혜의 문을 찾아 나선 것이다.

그런데 사람들은 왜 육신의 생각에만 묶여있는가?

'백학세'란 말이 있다. 자신이 배우려 하지 않고 노력하지 않으면 그 어떤 지혜를 장엄하게 내려 주어도 한 가지도 배우고 담고 가는 것이 없다는 뜻이다. 아무리 지혜의 혜택을 주어도 받지를 못하는 것이다.

어두운 생각 어두운 마음 어두운 행으로 살았다 하더라도 하루 빨리 뉘우치고 반성해야 한다. 새로운 삶 새로운 지혜로 나의 새로운 근본의 단원을 높여야 한다. 나의 육신이 한 단계 더 높은 단원에 올라선 후에 백학세의 길을 열어가야 한다.

지혜가 없는 육신은 자연의 그 어떤 생명보다도 못한 것이다. 사람의 근본을 지키지 못하는 사람은 범법자요 사회의 독이다. 불 · 법 · 승을 잘 닦으려면 '바호지' 문을 바로 열어야 한다. 바호지란 양심의 문 깨달음의 문 즉 본래 생명의 문을 열어야 한다는 뜻이다.

'바'란 첫 번째 문으로 나의 생각이 반듯하지 못하니 스스로 의심을 한다.

'호'란 두 번째 문으로 문패(사람이 산다는 표식)를 붙여 놓았으면 사람이 살고 있다는 것을 보여주어야 한다. 사람은 사람다운 삶을 살아야 한다는 것이다.

'지'란 세 번째 문으로 생명은 새로운 인연을 맞이할 때는 서로가 서로에게 배운다. 인연 없이 깨달을 수 없고 인연 없이 배울 수 없고 인연 없이 먹을 것도 없다. 내가 맞이하는 사람은 해를 주는 것보다 이득이 많다. 그러니까 경계심을 끊고 보면 일체가 스승 아닌 것이 없다. 내 모습이 진정 사람이라면 경계할 생각도 마음도 그 어떤 문도 닫지 말아야 한다.

인간은 사람마다 경계하고 저 사람은 나에게 무엇을 주려고 하는가? 무슨 이득을 줄까? 무엇을 빼앗아 가려고 하는가? 어떻게 하면 상대에게 피해를 입히고 항복을 받을까? 하는 이런 생각부터 먼저 하게 된다. 이것을 '휘당사'법이라 한다.

모든 진실한 인연을 가슴으로 안아야 한다. 그러나 사람들은 인연의 지혜를 배우려고 하는 것이 아니라 남을 해치려는 생각, 저해하려는 생각 또 무엇을 바라는 좋지 못한 어리석은 생각을 먼저 하게 된다.

세 번째 문을 두드리니까 문지기는 '바호지'라는 말을 한다.

문수보살은 깜짝 놀랐다. 셋째는 또 무엇을 바랄까? 하고 생각했었다. 첫째 · 둘째는 그렇고 셋째는 그래도 대단히 지혜가 있구나! 하고 생각하면서 문수보살은 문득 깨달았다.

"아! 두드리면 열리는구나! 인간의 지혜는 육신이 묻혀있는 현세의 세상에 와 있어도 열기만 열면 되겠구나! 가르치기만 하면 되겠구나! 뚫고 들어가기만 하면 전부 되겠구나!"라고 느꼈다. 그래서 세 번째 문지기를 보고 문수보살이 말을 한다.

"오늘따라 발길을 멈춰보니 뜻이 통하는 문패가 있어서 그 문패의 해석을 좀 해 주시구려!"

"이 대문을 지키는 내 마음은 찾아오는 사람의 성품을 먼저 알고 무얼 바라는지를 생각하고 주인이 대문을 왜 닫아놓았는가를 생각하라!"

첫째 문은 내 집에 들어오는 사람의 보따리를 점검하고 두 번째 문은 그 보따리의 내용이 무엇인지 확인하고 셋째 문은 다 풀어 헤쳐라! 이런 이유로 문이 있다. 그래서 그 이름이 '바호지'이다.

나도 어리석지만 나를 대하려는 사람은 근본 근성에 무엇이 들었는지를 먼저 밝혀라! 다시 말해 마음을 비우라! 라는 이것이 '바호지'의 뜻이 담겨있다.

이것을 깨달은 문수보살은 자연의 세계로 보내준 인간도 사람의 형상은 다 갖추었기 때문에 머리는 끝없는 지혜를 가지고 있다. 이 지혜의 문만 열어주면 그 어떤 것도 구애됨이 없이 수행 공부를 잘하고 올 수 있다고 느꼈다.

무조무선: 자연은 태양의 빛으로 생명의 이치를 다하고 인간은 진리의 빛으로 본래 생명의 할 일을 깨닫고 살아가는 것을 의미함.

뱀이 물에서 승천하면 용이 되고 승천하지 못하면 물속에서만 살아가는 이무기가 된다. 여기서 이무기란 곧 중생을 뜻한다.

하루는 미륵천(가화용화천)에 계시는 미륵보살께서 중생제도를 하신다고 골목마다 다니면서

"공덕을 지읍시다! 공덕을 지읍시다! 그렇게 해야 극락왕생을 할 수 있습니다!"

이렇게 한 마을을 몸소 다니신 후 중생제도를 잘했다고 또 잘 됐으리라 생각하고 은근히 기쁜 마음으로 돌아왔다.

그러던 어느 날 중생들이 많이 교화됐으리라 생각했지만, 막상 결과를 보니 승천하는 중생이 보이질 않는 것이다. 왜 그럴까 하고 생각에 잠기는 날이 많았다. 그래서 중생 세계에 내려가서 확인을 해봐야겠다! 어떻게 갈까? 하면서 고민하던 중에 하루는 지장보살이 오셨다.

"미륵보살님! 실상천에 내려가시는데 제가 동행하면 안 되겠습니까? 여행은 동행이 있어야 서로 힘이 되고 좋습니다!"라고 하니 미륵보살은 반가웠다.

"지장보살님! 저 바다를 어떻게 건너시렵니까?"

"나에게는 주장자가 있지요. 이 주장자는 물에 빠지면 주장자를 짚고 일어서고 큰 바다가 있으면 건너는 배도 될 수 있지요!"

그래서 두 보살은 중생제도의 실태를 파악하기 위해 실상천으로 내려왔다.

미륵보살이 교화시켰다는 그 마을을 찾아보기로 하고 아주 허름한 복장으로 변장해서 나투했다. 집집마다 "공덕을 지읍시다! 공덕을 지읍시다!"라고 하는 소리가 담 밖으로까지 들려왔다. 미륵보살은 이 마을에서 교화가 가장 잘 됐다고 생각하는 집으로 찾아가고 있었다.

아주 큰 부잣집에 다다르자, 해는 벌써 서쪽으로 지고 있었다.

"여보세요!" 하면서 대문을 두드린다.

"공덕을 지읍시다!"라고 하면서 한 보살이 나와 대문을 열자

"하루를 머물게 해 달라!"고 간청했다. 주인은 두 분 보살님의 아래 · 위를 훑어보고는

"우리 집은 안 됩니다. 부정을 타서 안 됩니다."

"아니 부정이라니요?"

"지금 우리 집에는 큰아들이 과거시험인 대과를 준비하는데 부정을 탈까 봐 그렇습니다!"

미륵보살은 깜짝 놀라 당황스러웠다. 그러자 지장보살은

"보살님! 중생들은 입으로는 보살행을 너무나 잘합니다. 또 집밖에서는 하질 않고 집 안에서만 하지요!"

미륵보살은 실상을 파악하고 미륵천에 돌아와서는

"미륵세존이시여! 어떻게 해서 이렇습니까?"

"용이 승천하게 되면 양쪽 날개에서 빛이 엄청나게 나타난다. 그 빛은 승천하는 용을 보고 배우라는 뜻이건만 중생은 그 사실도 모른다네!"

말로써만 공덕을 짓고 행이 뒤따르지 못하는 것을 경계한 것이다. 우리는 아집과 집착에 얽매이다 보니 형상과 물질에 눈이 어두워 육신의 삶을 벗어나지 못하고 실상천을 헤매고 있는 것이다.

깨끗하고 청정한 마음에 비추어지는 진정한 마음의 빛을 따라 그 가르침을 몸소 실천하는 것이 승천의 길이다.

가화: 용의 날개
목행: 공덕을 많이 닦아서 용이 승천하듯 미래세로 가는 것

파행과 사행

모든 사람은 어머니로부터 생명을 받았다.

인간은 태어난 날로부터 거듭거듭 태어난다. 어머니로부터 생명을 받아 자신의 변천 과정을 통해 거듭거듭 태어나는 것이다.

'파행'과 '사행'이란 말이 있다.

열 가지 행을 했더라도 나만을 위한 생각을 가지고 하면 '파행'이 되고, 나라는 생각을 하지 않을 때 '사행'이다. 사행은 '삼행수불'로 들어선다. 나라는 존재를 내세우거나 대가를 바라게 되면 파행이 된다.

물질은 한 세의 육신을 지키는 데 필요한 녹(祿)밖에 되지 않는다.

성(性)이란 무엇인가?

깨달음이란 천만번을 깨달았다 하더라도 거듭거듭 깨어난다.

세월이 있으니 행이 있고 세상이 필요로 하니 행을 실천하는 것이다. 소금을 만들어 녹을 줄줄 알아야 하고 물을 만들어 세상의 목마름을 해결할 수 있어야 한다. 이 물은 곧 생명을 구제하는 물이다.

내 마음이 목마르면 방생은 없는 것이요 내 마음이 청정한 샘이 될 때 방생이다. 방생하는 마음이 될 때 세상도 살고 자신도 살아있는 것이다. 내 생각을 마음에 두지 않을 때 그때 세상의 가르침이 내 앞에 있는 것이다.

칠흑같이 캄캄한 그믐밤에 비는 오고 불빛이라곤 없는 밤에 동서남북도 모르니 한 발자국도 옮길 수 없다. 그런데도 부처님께서는 말씀하신다.

"동 · 서 · 남 · 북으로 각각 열 번씩 돌아라. 다시 북 · 남 · 서 · 동으로 각각 열 번씩 돌고 또다시 동 · 서 · 남 · 북으로 열 번씩 돌아라!"

그렇게 서른 번을 돌고 나자 묻는다.

"어느 쪽이 동이고 서고 남이고 북이냐?"

밝은 대낮이라도 알 수 없을 텐데 밤중이고 어지럽고 캄캄하다. 부처님께서는 노력하지 않고 행하는 사람은 육신의 행이 없고 마음으로만 행이 있는 것이다.

세상을 볼 줄 아는 사람은 캄캄한 밤이라도 알고 주체성이 있으면 남의 탓으로 돌리지 않는다. 자신이 한 것이 있으면 빛이 있고 자신이 한 것이 없으면 빛이 없다. 세상은 밝은 것 같지만 나 자신이 한 것이 없으면 더 어둡다. 동서남북으로 서른 번을 돌았던 것은 '삼행'을 가르친 것이다.

아무리 돌고 돌더라도 육신은 그 자리에 있다. 육도의 한 세상은 그 자리에 있다는 것이다. 그 땅 위에 자신이 개척하고 어두운 세상을 밝히고 창조하는 마음을 가질 때 비록 오늘은 어둡더라도 나중에는 자신이 작은 등불을 만드는 것이다. 세월이 나를 가르쳐 나를 밝게 하고 세월이 나를 지켜보고 나를 지켜주는 것이다.

세상을 위한 행을 하도록 노력하여야 한다. 후자를 위해 빛을 밝혀주고 가는 것이 '화등'이다. 내가 실천하고 노력한 것이 후자에게 느낌을 주고 본받음이 될 때 깨달음이다. 비가 오고 그믐밤이라 할지라도 밝혀주는 것은 자신의 마음이다. 이 모든 것은 인간이 만들고 창조해 가는 것이다.

구각(求覺)의 선각자가 바로 우리 자신이 되어야 한다는 것을 부처님께서 가르쳐 준 것이다. 부처님의 명호는 삼천 년 가까이 불리고 있지만 우리는 당대라도 사람다운 이름이 불리도록 노력해야 할 것이다.

시작하는 걸음! 노력하는 걸음! 실천하는 걸음! 세상이 우리에게 요구하는 걸음이다. 세상을 저버리는 걸음을 걸어서는 아니 된다. 세상을 위한 발걸음은 밝은 걸음으로 걸어야지 어두운 걸음으로 걸어서도 아니 된다.

후퇴하는 걸음은 도리어 업을 짓는 것이다. 구도(求道)에 가는 사람은 한 걸음마다 세상을 밝혀주고 가야 한다. 한 생명이 와서 가르쳐 준 것이 다른 사람들이 '부처님이 되어 가는구나!'하고 느낄 수 있도록 쉬운 것부터 실천해야 한다.

쉬지 말고 끝없이 행하라! 머무르지 마라! 이것이 제행무상이다. 진정한 방생이란 나부터 실천하고 노력하는 것이다. 자신의 마음이 메마르지 않을 때 큰 방생을 하는 것이다. 그렇게 하려면 자신의 마음을 다스릴 줄 알아야 한다. 먼저 내 마음을 방생할 때 진정 세상을 위해 방생하는 것이 된다.

삼행수불: 육신과 마음으로 행하는 것

여과상과 여진불

여래께서 잔칫상을 차려 놓고 모든 부처님과 불보살을 초대한다. 초대받은 손님 중에 누군가 음식의 향기를 눈으로 또 코로 취해서는 '아! 맛있겠다!'라고 하자 여래께서는 그만 힘이 쑥 빠져버린다.

왜 그럴까?

누군가 자신만을 위한 생각을 먼저 했기 때문이다. 음식 중에 있는 이 한 톨의 귀한 새싹의 의미를 느끼고 이렇게 귀한 산해진미는 모두가 한때는 고귀한 생명체였다는 것을 느껴야 할 것인데도 불구하고 모두를 위한 단순한 한 끼의 음식으로만 맛으로만 본 것이다.

인간을 위해 자신들의 생명을 다 바쳤으니 그 희생된 생명에 대한 고마움이나 이 고귀한 음식을 먹고 대중을 위해 '나는 무엇을 할 것인가?'라는 생각을 가지고 음식을 먹어야 한다. 정성껏 준비한 음식을 단지 냄새와 보는 것에 취해 버리니 여래께서는 허탈해 하신 것이다.

부처님 전에 잘 차려 놓은 상을 '여과상'이라 한다. 부처님 전에 차려 놓은 것을 보면 대단하다. 그런데도 아미타 부처님께서는 왜 구원의 문을 안 열어 주실까? 왜 피력을 안 주실까? 이것을 '여진불'이라 한다.

부처님이 계시는 절에는 빈손으로 오지 않는다고 하면서 많은 것을 갖고 오지만 부처님께서 그 마음을 들여다보니 청정하지 않더라는 뜻이다.

법당 안에서는 친형제보다 나은 것 같지만 밖에서는 그렇지 않다는 것이다. 마음을 자세히 살펴보니

첫째 '견시초'라 하여 행과 마음을 보라. 절간에 올 때 돈을 많이 갖다주는 사람은 보답을 바라는 사람이다. 밖에 나가서는 자기가 보살 행세를 하고 부처 행세를 한다. 부처님의 진법을 전등(傳燈)하기 보다는 자신의 자랑을 많이 한다.

둘째 절간에 와서는 친인척처럼 모든 것을 나눌 수 있는 것처럼 보이는 사람이 많다. 옆자리에 같이 있지만 실제로 그렇게 마음을 내지 않는다. 부처님이 보시기엔 덕담하는 그 순간뿐이라는 것이다.

셋째 초 한 자루 그리고 향을 들고 물질만 보시로 보는 사람은 자신의 공덕만 쌓기에 바쁜 사람들이다. 자신의 공덕은 아무리 닦아봐야 소용이 없고 피력도 없다. 나의 공덕을 닦을 것이 아니라 인연의 공덕을 닦아 주어야 한다. 자신만 생각하는 것은 공한불이 되지 못한다.

넷째 부처님 명호 부를 때는 청정하지만 돌아서면 그렇지 않다는 것이다. 법당 안에서 기도하는 마음과 생각은 청정하지만, 밖에서는 청정하지 않더라는 것이다.

'여진불'이란 내가 살아가는 이치, 본래의 마음을 말하며 이것을 행하면 피력이 나투하게 된다는 것이다.

피력: 자기의 공덕(과거에 닦은 것)을 찾지 못하는 것을 찾아 주는 것.
공한불: 입으로 짓는 법은 세상을 어둡게 하고 행으로 짓는 법은 세상을 밝게 한다. 이것을 청정보심이라고도 한다.

천수여래가 시방세에 들어설 때는 오늘보다 내일이 더 중요하고 내일보다는 점점 밝아 가는 미래의 세계를 보고자 함이다. 그러하기에 잠시도 소홀할 수 없고 머물지도 않는다.

모두가 눈이 있고 또 그것을 구별하는 지혜가 있는데도 불구하고 분별력이 없다. '색불감보'라 하여 보는 지혜가 있는데도 눈 뜬 세상이 눈 감은 세상보다 더 어둡게 살아가고 있다는 것이다.

소경이 지팡이를 짚고 가다가 천수여래를 찾는다.

뒤돌아보니 소경이 아닌가? 소경이면서도 제 길을 잘 가고 있다. 소경은 하나의 '견목불'이다. 완성된 육신을 가진 사람을 일깨워 주기 위해 견목불을 앞세워 주었다. 견목불이란 말없이 가르쳐주고 말없이 보여주는 것을 말한다.

눈 뜬 사람은 세상이 해 놓은 것을 보았으면 보는 것만큼 자신도 만들어가야 할 것이다. 그런데도 완성된 육신들이 소경보다 더 어둡게 살고 있다.

육신의 잠을 깨워 완성된 육신을 가졌으면 바로 보고 바로 가야 할 것이다.

무자와 수자

어느 날 여래께서

"수보리야! 저 동산이 아름다우냐?"

"보름달이 뜬 것처럼 아름답습니다!"

"참으로 아름답지? 무엇이라고 하는지 아느냐?"

"학문으로는 무엇이라 하는지 모르지만 너무나 아름답습니다."

"아름답다는 것도 욕심이다. 자연이라는 것을 느껴라! 다시 한번 눈을 감았다가 떠보라!"

"방금 보았던 동산이 없어졌습니다!"

"그 동산이 어디 갔겠는가? 네 가슴에 있다!"

"제 가슴에 있는 동산을 언제 볼 수 있을까요?"

"가슴에 있는 동산을 재현하는 것이 '수자'의 역할이다. 수보리야! 네가 수자가 되어야 하느니라! 그리고 너는 그 동산을 찾아보라! 찾아서 재현하고 오라!"라고 하셨다.

그래서 수보리는 이 세상에 왔다. 이 세상에 존재하는 모든 것들이 동산이다. 살아있는 생명 불국토 부모 형제 등 내 마음에 살아있는 모든 것이 동산이다.

부모는 끝없이 베풀어주고 간다. 부모는 자식에게 또 자식은 그의 자식에게 이렇게 끝없이 베풀어주고 가는 것을 '무자'라고 한다. 내가 받았던 만큼 자식에게 주어야 한다.

그러나 우리는 물질을 주기 때문에 탐욕심만 자꾸 키워간다. 내가 부모에게서 베풂을 받았던 만큼 자식에게 주려고 애쓰는 것처럼 선자가 후자에게후자는 또 그 후자에게 베풂을 줄 때 즉 내가 세상으로부터 받은 자비만큼 세상에 도로 베풀 때 동산에 달이 뜨는 것이다.

구름이 끼듯 내 마음이 탁해져 있으면 이것을 제도하기 위해 그 가문에 또 수자를 보내는 것이다.

살아있는 실상과 미래세로 가는 길을 지킬 줄 아는 사람이 수자이고 동산을 재현하고 완성하였을 때 무자가 된다.

하늘의 빛 자연의 빛 일체가 생명의 빛이다. 세상은 우주 만물에게 자비를 베풀어 주고 생명은 자비의 선(善)으로 거듭나야 공양을 받으며 살아간다. 세상의 공양은 끊임없이 베풀어지고 있으므로 나의 삶도 세상을 위해 끊임없는 행의 보시로 보답하면서 살아야 한다.

월천정 月天亭 을 찾아서

월천정이란 경치가 너무 아름다워 선남선녀가 많이 찾는 곳이라고 누군가 알려 주었다. 어디로 가면 되느냐고 물었더니 모른다고 했다. 그날 이후로 월천정을 찾아다녔건만 아는 사람이 없었다.

월천정 찾기를 잊어버리고 있던 어느 날 이름 모르는 산의 정상을 향해 올라가고 있었다. 산은 올라갈수록 점점 깊어만 갔다. 숲을 헤치며 몇 구비 돌고 돌아 계곡을 건너 올라가자니 아주 그윽한 꽃향기가 났다. 일행은 그 향기에 이끌려가고 있었다.

한 여인이 천국화(天國花)를 앞에 두고 얘기를 하고 있었다. 내가 가까이 있는 것을 모르는 듯 했다.

"천국화야! 너는 어찌 이렇게 아름답고 향기로우냐? 내가 네 모습의 십 분의 일이라도 닮았으면 좋으련만......,

나는 이 세상에서 제일 못생긴 사람이란다. 보는 사람마다 저런 얼굴을 들고 어떻게 세상을 살아갈까. 내가 저렇게 생겼으면 벌써 자살했을 거라고 손가락질하며 수군거린단다. 어릴 적엔 몰랐지만 나이가 들면서 그런 소리를 들을 때마다 나의 가슴은 찢어지고 더 견디다 못해 오늘 아무도 없는 이 깊은 산중에서 죽을 생각으로 왔단다."라며 혼자 중얼거리고 있었다.

'아니 저 여인은 생긴 모습뿐만 아니라 생각하는 것까지 못났구나' 하고 생각했다. 바로 그때 천국화가 말을 하는 것이 아닌가?

"여인이여! 내가 아무리 아름답다고 하나 이 자리에서 한 발자국도 움직일 수 없고 나의 향기가 제아무리 향기롭다고 하나 열 발자국을 벗어날 수 없소. 그러나 당신은 이 세상에 당신이 원하는 곳이라면 어디든 갈 수 있고 당신을 부르는 곳은 어디든지 찾아갈 수 있으니 당신의 향은 이 세상을 덮을 것이요!"라고 말하였다.

그제야 여인은 고개를 살며시 들더니 나에게 수줍은 듯 아는 척을 했다. 함께 월천정이 있을 정상을 향해 올라갔다. 마침내 정상에 올랐으나 월천정은 보이지 않고 한밤을 알려 주는 듯 둥근달이 환하게 비추고 있었다. 아니 세상에서 제일 아름다운 여인이 활짝 웃고 있었다.

여인의 진정한 아름다움은 외모에 있는 것이 아니라 내면의 성향에 있다.

범량사와 수량사

이 세상에 육신을 받아오기란 참으로 어렵고도 어렵다.

그래서 한번 받은 육신을 소중히 잘 지키고 바르게 실천하여 본래대로 가야 한다는 것이다.

'법량사'란 자기국토에 업을 만들어놓는 사람을 말하고

'수량사'란 자기국토에 구각의 법을 이루어 놓는 사람을 말한다.

세상이 우리에게 주는 것과 세상이 우리에게서 받는 것이 다르다. 세상이 주는 것은 국토의 장엄함을 보여주는 것이고 세상이 받는 것은 우리가 이 세상을 지켜주는 것을 말한다.

잘 다듬어진 조각품을 하나 놓아두고 이것과 똑같이 만들어보라! 그리고 해가 뜨면 조각품을 보여주고 캄캄한 밤이 되면 자신을 다듬어라! 한다. 해가 있을 때 자세히 보고 밤이 되면 재현해보라 한다.

'법량사'는 해가 있을 때 한 시간만 보고도 할 수 있다고 하는 사람이고

'수량사'는 해가 있을 때부터 해가 질 때까지 요모조모 모두 따져보고 해보는 사람이다.

실상을 다듬어 가는 과정에서는 수미겁을 지나도 세상에서 각자가 실천하는 과정은 전부 다르다.

'법량사'는 아주 부유한 가정에 태어나서 자신이 직접 하는 일은 거의 없다. 성인이 되어 시집 · 장가를 가게 된다.

그러나 본인이 실천해 본 것이 없었다. 모두 누가 해 주었고 누가 있어서 받들어 주었다. 왜 이렇게 나에게 많은 고통을 주냐고 원망하지만 자신은 한 것이 없다. 그래서 세상을 지키려고 하니까 더욱 어렵다.

'수량사'는 시작부터 행을 가르치기 위해 가난한 집에 태어난다. 전생의 업보에 따라 또 수행 정도에 따라 법량사와 수량사로 구별된다.

세상이 나를 속이는 것은 다른 인연이 방편을 해 주지만 자기 자신을 스스로 속이는 것은 방편이 없다.

우리는 서원이나 기도를 할 때 보통 자신을 위한 복을 많이 달라고 한다. 서원이나 기도의 진정한 의미는 남을 위해 참회하고 기도를 하는 것이다. 왜냐하면 자신이 갖고 온 복만 하더라도 엄청나게 많다. 단지 우리가 갖고 온 그 복이 어디 있는지 얼마나 되는지 모르고 또 찾는 방법을 모를 뿐 더 달라고 서원하는 것은 어처구니없는 일이다. 이런 기도는 수천 번 수만 번을 하더라도 효험이 없고 부처님만 귀찮게 할 뿐이다.

행여나 '법량사'의 행을 해야 하는 자식이나 손자가 자신과 인연이 되면, '진언목견'으로 법량사의 업장을 소멸시켜 달라고 하여야 업장 소멸이 된다. 진언목견이란 놀고 먹이지 말고 가르치면서 행을 실천하게 해달라고 하는 것이다.

이렇게 기원을 할 때 행하면서 세상을 밝혀주고 간다.

詩 사기꾼 / 원종

여인처럼 언제나 화장을 한다
군침이 돌도록 달콤한
세련된 몸짓
무르익은 겸손
온 몸을 미끼로 던지고
숨 막히도록 기다리는
처절한 몸부림
진정 위하는 듯
뒤헝클어 놓고
지그시 넘보다
여린 가슴 거침없이 파고드는
기어코 둥지를 빼앗고 마는 뻐꾸기처럼

어떤 젊은이가 허리가 구부러져 아래만 보고 가는 할아버지를 보고
"할아버지! 어찌 그렇게 땅만 보고 걸어가십니까?"
젊은이가 이렇게 물으니 그 할아버지는 구부러진 허리가 부끄러운 듯
"글쎄다. 세월의 무게를 견디지 못하고 내 허리가 구부러졌나 보다"하며 지나간다.

그 모습을 지켜보던 어떤 선각자가 젊은이에게
"여보시게! 젊은이! 저 할아버지는 하늘을 쳐다보질 못하고 지금도 세상을 위해 짐을 지고 세월을 이끌고 가니 땅만 볼 수밖에 없네! 타심에 젖은 마음으로 세월만 허비하면 중생의 세월을 짓게 되네."

이 세상에 태어난 사람은 수행할 세월이 유한하다.
백 년의 세월을 마치 천년만년 살 것처럼 주어진 종사의 과제는 미루어 놓고 세월이 흘러가는 것도 모르고 살아가는 사람이 많다. 이런 사람은 늘 타심에 젖어 중생의 마음으로 살다 보니 세월만 보내게 된다.

'교타이람'이란 법이 있다.
실천한 사람만이 진정한 삶의 가치를 이루고 진정한 스승이 된다. 실천하는 사람은 손길 발길이 닿는 곳곳마다 참다운 세상을 만들기 위해 배우고 실천하며 살아가는 것이다.
그리하여 기술자가 되고 스승이 되어 모르는 사람을 가르쳐 준다. 처음에는 공구의 이름까지 가르치며 제일가는 기술을 가르쳐 세상을

열어가도록 한다. 이렇게 실천으로 진정한 가치를 이룬 스승이 있었기에 제자는 쉽게 배울 수 있다. 이렇게 배운 그 제자는 또 그의 제자에게 이어주는 것을 '교타이람'이라 한다.

발전된 세상 정토의 세상을 열어가기 위해 각자에게 주어진 그 능력을 발휘해야 한다. 허리 한번 꼿꼿이 펴지 못하면서도 자신의 세월을 다 할 때까지 일하는 스승의 실상을 보고 우리는 다시 깨달아야 한다. 자신의 안위는 전혀 추구하지 않으면서 세상을 위해 헌신하는 스승들이 세상 곳곳에서 빛을 이루어 주고 있다.

'제불 십상'이 있다.

이 세상 오기 전에 우리는 아미타부처님이 계시는 정토 세상에서 살았다. 중생업을 짓거나 게으름을 피우다가 미타천으로 내려와 수보리의 실상을 수행한 후 실상천(현세)에 재현하기 위해 태어난 것이다.

이렇게 이 세상에 왔기 때문에 태어난 그 자체가 '제불'이다. 그러므로 우리는 반드시 각자에게 주어진 과제를 풀어내어 보리도를 재현하는 진정한 수보리가 되어 정토 세상으로 다시 돌아가야 한다.

'십상'이란 무엇일까?

현 세상에 올 때는 각자에게 주어진 살아가는 목적이 명확하게 있었다. 그 목적을 이루어 세상에 부합하는 것을 보리도라 한다.

각자에게 주어진 세월 동안 타고난 적성과 재능을 발휘하여 보리도를 이루어 세상에 바치는 것을 '십상'이라 한다. 각자마다 타고 난 직업이 있고 각자마다 해야 할 종사가 있다. 이것은 가정을 위하고 세상에는 융합하는 것이 수보리의 역할이고 재현이다.

'별이 작사'란?

백 년의 짧은 세월을 마치 천년으로 생각하고 한 해 한 해를 허비하면 어떻게 되겠는가?

과제업이 눈 쌓이듯 쌓여 3월에 녹아야 할 눈이 8월까지 이어진다면 또 어떻게 되겠는가?

얼어붙은 동토(冬土)는 새싹을 틔우지 못하기에 중생심으로 허망하고 그릇된 세월을 보내지 말아야 한다. 매일 매 순간 수보리로서 정진을 해나가야 한다. 바른 신심 바른 행원(남을 위해 종사하는 마음)으로 주어진 세월 동안 세상의 빛이 되도록 가치 있는 품을 이루었을 때 자신의 본분을 다하는 것이다. 이것이 바로 재현하는 수보리의 실상이다.

"나 같으면 저런 가문에 저런 종사는 하지 않고 살겠노라, 저런 남편 만나 한 세월을 보내지 않겠노라, 저런 아내 만나 한 세월 보내지 않겠노라!"고 남들은 지나가면서 이런 소리를 많이 한다. 그런데 이 소리를 들을 때마다 오기가 나고 이 소리가 날 때마다 화가 난다. 각자에게 주어진 과제가 다른데 왜 남들은 이렇게 말할까?

자신에게 주어진 과제는 타인이 대신할 수 없는 것을 '별이작사'라 한다. 자신이 귀속된 가문의 한 형제도 자신의 과제를 대신해 줄 수 없는 것이다. 자신의 실상을 재현하면서 힘들고 고통스러운 고비를 극복하면서 1년이 가고 7년이 지나 수보리로서의 품을 열어 마침내 세상에는 값진 공양보(세상의 자원을 이룸)가 된다.

'이품 달학'이 있다.

가문과 사회 세상에서 나의 주어진 과제를 찾아내 보리도의 마음으로 실천하는 수행을 하겠노라. 나는 수보리로 살다가 가겠노라! 고 늘 이런 생각으로 자신의 꿈을 펼치는 사람은 실상을 이루는 행업(행으로 이루는 업장 소멸)에 도달하게 된다.

실상의 행업에 도달하기 위해 우리는 전생에서 서원을 세우고 이 세상에 출현하였으므로 정진하고 정진해서 기필코 실상을 이루어 내야 한다. 본래의 청정한 마음을 유지하지 못하는 것은 현 세상에서 행이 부족한 탓이다. 말과 글 생각만 할 것이 아니라 실천으로 행을 재현하여 행납(세상을 이롭게 실천한 세월)으로 이룬 보람된 가치가 '이품 달학'이다. '이품 달학'을 이루는 과정은 하루아침에 이루어지지 않으므로 끊임없는 정진이 필요하다.

11.
업業
- '업'이란 무엇인가?

11.
업業 - '업'이란 무엇인가?

업이란 불교용어로

첫째 몸과 입과 뜻으로 짓는 선악(善惡)의 소행. 이것이 미래의 선악의 결과를 가져오는 원인이 된다고 함.

둘째 전생(前生)에서 지은 선악의 소행으로 말미암아 현세(現世)에서 받는 응보라고 되어 있다.

'업'과 관련하여 다른 유사한 용어도 많지만 우리가 흔히 쓰는 용어로

업과(業果): 업보(業報)

업보(業報): 전세(前世)의 악업(惡業)의 대갚음. 업과(業果)

업인(業因): 선악의 과보(果報)를 일으키는 원인. 고락(苦樂)의 과보를 일으키는 원인이 되는 선악의 행위.

업장(業障): 전생(前生)에 지은 죄(罪)로 인하여 이승에서 받는 마장(魔障).

위의 용어들을 곰곰이 되씹어 보면 이 세상에 생명을 받아 온 우리는 모두가 죄인이란 생각을 가늠케 한다. 현세에서 죄를 지은 사람이 감옥에 가듯 전생에 죄를 지어 어쨌든 이 세상에 왔다. 그러므로 이

세상이 지옥이란 말이 성립된다. 지옥에 온 이상 또 이 세상이 지옥이란 걸 안 이상 이제 지옥을 벗어나기 위한 노력이 필요하다.

우선 자신의 '업'이 무엇인지 알아야 할 것이다. 자신의 업을 알아야 업이란 과제(課題)를 풀 수 있기 때문이다. 우리는 대체로 업을 모르고 살아가기 때문에 이 세상에서 업장을 받는 것이다. 업장은 곧 자신에게 고통과 아픔으로 찾아온다. 맨 먼저 찾아오는 것이 물질이 없어지며 거기에 따른 고통이 따르고 그 다음이 자신이나 인연의 건강이 나빠져 견딜 수 없는 아픔이 다가온다.

현세는 아미타불(阿彌陀佛)이 관장(管掌)하시고 아미타불을 보필하는 지장보살(地藏菩薩) 관세음보살(觀世音菩薩) 약사여래불(藥師如來佛) 문수보살(文殊菩薩)등 여러 불보살(佛菩薩)이 함께 중생구원(衆生救援)을 위해 애쓰고 계신다. 각자의 업에 따라 관장하는 불보살이 다르며 때로는 여러 불보살이 합심하여 구원하기도 한다.

어떻게 하면 하루빨리 불보살의 가피력(加被力)을 받아 구원의 문을 두드릴 수 있을까?

살아가면서 누구나 자신에게 가장 부족하고 절실한 부분이 있다.

이 부분을 타인(他人)을 위해 내가 먼저 기도(祈禱)하고 베풀고 이끌어 주어야 한다. 자신에게 필요하고 절실한 것을 내가 먼저 타인을 위해 불보살의 역할을 하는 것을 부처님의 대행(代行) 또는 불보살의 대행(代行)이라 한다. 내가 먼저 부처님과 불보살의 대행을 할 때 부처님과 불보살의 가피력이 나에게 나투되고 자신은 성불의 길로 들어선다.

업장 業障 은 어떻게 다가오나?

이 세상에 태어난 사람은 가문과 사회 또 세상을 위해 빛을 밝혀주는 삶이 되어야 한다. 이런 삶을 영위할 때 업은 절로 소멸하고 업장이 찾아올 수도 없다. 대체로 우리는 먼저 게으른 생각으로 자신의 안위만을 위한 삶을 살다 보니 '그 길이 아니다!' 하고 방향을 돌리라고 업장이 찾아드는 것으로 알면 무리가 없다. 마치 멀리 있는 산(성불)의 정상을 향해 가면 지름길로 가게 되고 5m 10m 앞만 보고 가노라면 목적지와 반대로 갈 수도 있다. 목적지와 방향이 다를 때마다 방향을 바로 잡아주는 역할이 우리들의 삶에 있어서는 바로 '업장'이라고 생각하면 틀림이 없을 것이다.

'업'은 두 가지로 나누어진다.

첫째는 자신이 과거세에 지은 업. 이를 근원(根源)업이라 한다.

둘째는 자신이 태어난 가문의 내려오는 조상들이 지은 업. 이를 연기(緣起)업이라 한다.

근원업과 연기업은 우리들이 바른 삶을 영위하지 못할 때 즉 허영, 허상이나 욕심에 쌓여 살아갈 때 우리 앞에 업장으로 다가온다. 지금 가고 있는 길이 바른길이 아니라고, 이때 자신의 삶을 되돌아보고 방향을 수정하는 방법이 참회와 기도이며 이를 통해 진정한 길을 찾을 수 있다.

'지장보살품 명부천가행'를 보면 조상이 지은 업이 십팔 대(代)까지

내려간다고 한다. 오백년 전의 내 조상의 업이 내려온다는 뜻이다. 조상이 바른 삶을 영위하지 못하여 지은 과업은 후손에게 업장으로 부여된다. 흔히 조상이 후손을 잘되도록 도와주면 주었지, 후손에게 고통이나 장애를 주지 않는다고 생각하기 쉬우나 그렇지 않다.

그러면 조상이 지은 업이 후손에게 업장으로 나타나는 현상을 살펴보자.

초업: 업을 받은 후손은 한평생 쉬지 않고 일을 해도 자신의 세월이 없고 일한 만큼의 대가(代價)도 받지 못한다.

호업: 가정에 팔난(八難)을 일으킨다.

비업: 본성을 잊고 방탕하여 가문에 슬픔을 준다.

시업: 게으르고 나태하다.

해업: 욕심에 쌓여 자신만 생각하고 산다.

무업: 책임감이 없다.

소업: 재물을 탕진하여 가문을 어둡게 한다.

사업: 공부를 시켜도 학문을 펴지 못한다.

인업: 형제간에 갈등이 있고 부부간에 이혼을 하게 된다.

고업: 인연 없이 외로이 산다.

바업: 음주 도박 바람을 피우며 산다.

선업: 부부간에 서로 무시하고 학대하며 산다.

토업: 말을 자제하지 못하여 구설을 만든다.

신업: 신체적인 장애를 받거나 영매신(靈媒神)에 잡혀 정신적 고통을 받아 수명이 짧아진다.

무업: 가난을 벗어나지 못한다.

고업: 시험 취업 승진에 장애를 받아 자신의 뜻을 펴지 못한다.

산업: 자식이 귀하다.

방업: 자신도 모르게 남의 것을 훔치는 습관이 있다.

조상으로부터 이러한 업장을 물려받았다면 형언할 수 없는 어려움과 장애와 고통이 따른다. 나의 과제를 풀지 못하면 후손에게 과업을 물려주게 되니 이 또한 죄업이 아니겠는가? 후손에게 죄업을 도 물려주어서는 아니 된다. 자신의 과업은 물론 조상의 죄업까지도 우리가 받은 세상에서 사랑하는 후손들을 위해 자신의 대(代)에서 스스로 끝맺음을 해야 한다.

그 끝맺음의 길은 자신에게 주어진 각자의 삶이 가정과 사회를 밝히는 빛이 되고 나아가 세상을 정토(淨土)로 만들어 가는 삶이 되어야 한다. 이런 삶이 되었을 때 나의 과업의 완성이요 가문의 죄업까지도 소멸하게 되므로 비로소 깨끗한 세상 즉 정토가 되는 것이다.

미래의 세상은 끝없는 발전을 바라고 그것을 풀어가는 것은 후손들의 몫이다. 미래의 세상을 밝게 열어갈 후손들에게 자신의 짐(연기업)을 실어주어야 하겠는가?

후손들에게 깨끗한 세상을 물려주는 것은 의무이자 소임이다. 이것이 선행(先行)자가 반드시 해야 할 역할이다.

가문家門에 내려오는 업장을 소멸하자.

보리도를 이루지 못하고 중생심으로 한 세를 보냈거나 사회에 해악(害惡)을 끼친 조상들은 극락 왕생하지 못한다. 이런 조상들이 구천에 떠돌면서 후손에게 온갖 해악을 끼친다. 이것을 연기업장이라 한다.

연기업은 후손이 지은 죄업이 아니므로 가문에 내려오는 연기업장을 소멸할 수 있다.

연기업장에 연루되어 있는 가문은 대체로 아래와 같은 파장을 겪는다.

· 자살이나 사고사 또는 병사로 명이 짧은 가문(나이 60세 전에 사망)
· 후손이 없는 가문
· 혼사가 잘 이루어지지 않는 가문
· 재물로 인한 고통과 풍파를 겪는 가문
· 대대로 가난에서 벗어나지 못하는 가문
· 산바람(가묘, 이장, 합장, 비석)으로 후손이 어려움을 겪고 있는 가문
· 양설업(후처를 두거나 외도한 여인의 업)이 있는 가문
· 마음이 불안정하여 자신의 의지를 펴지 못하는 사람
· 병명 없이 육신이 아프고 정신이 맑지 못한 사람
· 일신에 갖가지 장애를 가진 사람
· 신의 장애(빙의)로 고통 받고 있는 사람
· 의식이 깨어나지 않아 생각이 바르지 못한 사람
· 직업 없이 세월만 보내고 사는 사람
· 가사에 풍파를 일으켜 가정에 불화를 일으키는 사람
· 방탕하게 사는 사람

· 앞길을 열어가지 못하는 사람
· 공부를 하고 기술이 있지만 취업이 잘되지 않는 사람
· 공부에 흥미가 없는 사람
· 직업의식이 없는 사람
· 젊은 나이에 이혼하거나 사별하고 외롭게 사는 사람
· 남을 이용하고 힘들게 하는 나쁜 습성을 가진 사람
· 시험은 치지만 합격이 되지 않는 사람
· 자신의 마음을 인력으로 어쩌지 못하고 음주 도박 외도 가출 등으로 가족을 힘들게 하는 사람

이런 파장을 겪는 가문의 후손은 제도자이기 때문에 벗어날 수 있다.

벗는 과정은 그 가문의 종속자가 사회에 공덕을 짓거나 선행을 닦을 때 업장은 소멸한다.

그 행원의 세월에서 구원을 받을 수 있도록 제도방편을 열어놓은 것이 바로 '지장보살 명부천가행품'이다. 제도방편의 원문은 '무여법통여래불(69~81쪽)'경에 실려있다.

이 원경에 의해 누구나 업장소멸을 받을 수 있다.

제도방편은 지장보살의 원력(願力)으로 조상신은 천도(薦度)하고 또 자신의 과거겁의 인과업과 가문의 연기업을 소멸하고, 미륵보살은 미래의 삶을 위해 피력을 주어 새로운 빛을 밝혀준다.

이런 연유로 제도(濟度)는 때를 놓치면 인도하기 어렵기도 하지만, 자신이 겪는 고통은 이루 말할 수 없거니와 견뎌내기는 더욱 힘이 든다. 그래서 제도방편은 빠르면 빠를수록 좋다는 것이다.

생명의 실상은 세상의 삶과 더불어 세월의 길을 함께 하는 것이다.

이 세상에 한 육신이 태어나서 자신의 상(象)을 다듬고 또 행의 길을 열어 한 세상을 밝혀주고 가는 것이 인간의 본래의 성(性)이다.

생명을 받은 육신이 자신의 세월을 증명하려고 세상에 들어서니 온갖 고통과 시련이 닥쳐온다.

어떤 회사에 다녔으나 믿었던 회사가 부도가 나면서 그만두게 되고, 다른 사업을 하였으나 사고로 그만두게 되고, 또 다른 장사를 하였으나 거래처의 부도로 그만두게 되고, 하는 일마다 엎어지고 넘어진다.

나는 뜻대로 되는 일이 왜 하나도 없을까? 왜 이럴까? 하고 자신을 되돌아본다. 많은 사람이 나처럼 살지 않건만 왜 나만은 이렇게 어렵고 고통이 많은가를 생각하다가 업보의 회향을 하려고 청정한 사찰에 들어섰다. 한 스님이 말씀하신다.

"수자는 어찌 업보가 그리 많아 행하는 일마다 그렇게 어려웠느냐?"

수자는 무릎을 털썩 꿇으면서

"업보를 어찌하면 좋겠습니까?"라고 물었다.

"업은 육신이고 고(苦)는 행에서 소멸되기도 하고 받기도 한다."

"업보를 벗으려면 어떻게 해야 합니까?"

"삼천 집을 방문하여 시주공덕을 기원하라!"

그래서 스님의 말씀대로 실천의 행을 하려고 길을 나섰다.

어떤 집에서는 고부간에 싸움하는 것을 보고 돌아서고, 백발의 할아버지가 짐을 지고 가는 것을 보고도 지나치기도 하고, 집 나간 자식을 원망하는 할머니를 보고도 돌아서고, 병들어 고통을 받는 사람을 보고도 지나치고, 자신처럼 사업에 실패하여 절망감에 빠진 사람도 보았다.

갖가지 고통과 시련에 빠져 허덕이는 사람들을 보고도 외면한 채 자신은 삼천 집을 방문하여 시주 받는 일만 열심히 하였다. 마침내 삼천 집을 방문하여 시주공덕 쌓는 것을 마쳤다.

이제 자신의 사업을 벌려 많은 돈을 벌 수 있으리라는 기대감으로 고향에 돌아왔다. 돌아오자마자 장사를 시작했으나 기대와는 달리 잘 되지 않았다. 이 사업은 자신과 맞지 않는 것이구나 하고 또 다른 장사를 시작했다. 이 역시 신통치 않았다. 결국 두 번 세 번 연거푸 실패를 거듭한 끝에 가지고 있던 얼마 안 되는 사업자금마저 몽땅 날려버리고는 왜 또 이럴까? 하며 또 자신을 돌이켜 봤다.

그 스님의 말씀대로 업보의 회향을 나름대로 마쳤건만 왜 또 이런 일이 일어나는 걸까? 그는 다시 그 스님을 찾아 사찰에 갔다.

스님은 그에게 "배한시주를 아는가?"

대답하지 못하고 우물쭈물 하자

"말과 행이 일치하지 않으면 공덕이 되지 않는다."라는 스님의 말씀을 듣자 수자는

"어떻게 하면 됩니까?"

"이제까지 시주하러 다니며 이런 사람 저런 고통 모든 것을 보고 듣고 했으면서 아무것도 느끼지 못했단 말인가? 그러한 사람들을 보고 어떻게 하면 그들에게 살아가는 진리를 전하고 제도의 길로 이끌어 줄

수 있을까? 하는 생각은 추호도 하지 않고 어떻게 공덕을 쌓을 수 있단 말인가?"

수자는 그제야 지난번 삼천 집을 시주하고 다니며 보고 들었던 장면들이 주마등처럼 떠올랐다. 그 순간 자신도 모르게 얼굴이 확 달아오르는 것을 느꼈다.

〈배한시주〉
고개 숙여 몸 낮춤이 공경하는 육신 되고
우러러보는 마음 낮춰 세상길 살펴보니
시주공덕 얻은 것이 마음성(性)에 힘이 되고
육신성(性) 벗고 갈 때 배한시주 길을 가리

시주하러 다니며 보고 듣고 했던 모든 것들이 나의 전생 업보였구나!

그래서 현세에서 또 나에게 재현되었던 것인데도 불구하고 내가 마음이 어두워 미처 그것을 느끼지 못했구나! 시주는 받았지만 공덕이 되지 못했고 그래서 또 사업을 실패하고, 이 모든 것이 나의 업보였으니 내 탓이구나! 하고 깨달았다.

배한시주란 이 세상에 태어나서 받은 것만큼 내놓아야 하고 세상을 위해 행한 것만큼 다시 받는다는 의미이다.

詩 님 5 / 원종

님의 뜻 아직도 짐작할 수 없다
어버이 살을 먹는 가시고기처럼

님이 준 선물인 줄도 모르고
아파하던 어제의 눈물 모아
땀인 양 훔치며 밭을 일군다

아픔을 심은 곳엔
새가 쫄까 허수아비 되고
그리움은 깊이 묻어둔 채로

이제,
원망을 모두 긁어모아
남김없이 태운다 낙엽처럼

어느새 님의 향이 무르익고
님의 고운 향 세상 가득 채우련다
죽는 날까지

세상을 가르쳐 주시고 이끌어 주신 스승께서

'무법, 무설'

이란 글을 흑판에 써 놓으시고는 마지막 강의를 끝냈다.

제자는 '설법할 것이 없다'라고 알아듣고는

내가 벌써 스승의 학문을 다 배웠는가 싶어 즐거워하며 한편으론 한량없는 가르침에 학문의 길을 돌이켜 보게 된다.

스승의 가르침은 끝이 없다고 생각했는데 가르칠 것이 없다고 적어 놓으셨으니 이제 공부한 것을 세상에 나가서 실천할 때가 되었다는 생각이 든 순간,

'아차! 그게 아니라.......'

잠시 생각에 잠겼던 제자는 조용히 무릎을 꿇고 고개를 숙이며

'스승이시여!

지금까지 배운 것이 하나도 없습니다.

저 글 자체가 여기 이 사람을 깨닫게 하는 것이요 끝없이 밝혀주는 것이니 지금까지 가르쳐 주신 것을 지키지 못한 제자의 어리석음을 깨달았습니다'라면서 흑판에 쓰여 있는

'무법 무설'을 지우고

'무자 무성'이라고 쓰면서

스승께서 가르쳐 주지 아니하고 모든 법을 펴주시지 않았으면 제가 아무리 지혜가 있었다 해도 아는 것이 없습니다.

이 몸은

무자－하루를 배우는데 다 바칠 것이며

무성－스승의 법을 다시 배우고 증명하겠습니다.

스승의 가르침은 학문의 지혜였고 배운 자의 상이 '무자 무성'이란 말을 깨닫게 한다.

배운자의 행은 실천이고 증명이 되어야 '무설'이란 광대한 법을 받는 것이다.

스승의 가르침이 '등'이요 '등'은 '각'이다

이렇게 또 한 단원 높은 학문의 경지에 오른다.

감로수 정자 아래

내명수 받자하고

수심성 받자하니

감로정법 물이 되고

성한수 깨달음이

님의 성 받들리오

비성불: 학문의 지식은 스승이 가르쳐주고 행은 스스로 실천하는 것.

내명수: 고통은 자신을 성찰하는 것.

수심성: 늘 배우면서 실천하는 것.

성한수: 세상을 위해 일하는 사람의 육신이 흘리는 땀.

12.
단상 斷想

「수월산을 오르며」
· 詩 아파하는 사랑

「기러기와 거북이」
· 詩 박꽃

「방생(放生)」
· 詩 삶의 이유

12. 단상 斷想

수월산을 오르며

어느 날 친구들과 같이 수월산을 올라갔다.

이 땅에서 몇 번째 되는 높은 산이라고 했다.

水月山일까?

隨月山일까?

'水月'이라면 물에 비치는 달을 의미하는 걸까? 아니면 물에 빠진 달을 의미할까? 이 산의 물이 그만큼 맑다는 의미일까?

'隨月'이라면 달을 쫓는다는 뜻일까? 아니면 달을 따러 간다는 뜻일까? 그만큼 높다는 뜻일까?

어느새 산 아래 도착했다. 친구들의 옷도 제각각이고 신발도 지고 온 배낭도 제각각이다. 한 친구가 수월산을 오른 적이 있다며 여러 등산로 중에서 다소 험하긴 하여도 시간도 단축되고 이 계절에 정취가 제일 좋다는 등산길을 오르기로 하였다.

여러 지역에서 모인 친구들이라 오랜만에 만난 반가움을 나누며 산길을 올라갔다. 각자 나름대로 살아온 얘기들로 꽃을 피우며 오르던 산길은 중턱에 오르자 점점 경사가 심해지고 호흡도 매우 거칠어졌다. 한 사람 두 사람 말문을 닫더니 모두 오로지 산길을 오르는 것에만 최선을 다하는 듯했다.

산을 오르며 무슨 생각들을 할까? 올라오면서 삶의 찌꺼기를 다 털어내려는 듯 마치 묵언으로 정진하는 수행승 같다.

오래지 않아 정적을 깨트린 것은 한 친구가 길게 토해내는 거친 숨소리와 함께 좀 쉬었다 가자는 말에 모두 말없이 그 자리에서 잠시 쉬기로 했다.

젊은 여인이 중학생인 듯싶은 아들을 앞세우고는 땀을 뻘뻘 흘리며 올라왔다.

"아주머니! 좀 쉬었다 가지요?"하고 누군가 권했다.

"아들에게 경쟁심을 가르치고 있습니다!"라면서 횡하니 지나쳐 올라갔다. 산에 와서 산을 보고 배우는 것이 아니라 오히려 산을 가르치는 듯했다.

산은 입구에서부터 있는 그대로 다 들어내 놓고 있었다.

초겨울의 산이라 발가벗은 산이 좋다고들 하면서도 우리네 삶은 그러지 못하는 것 같다. 우리의 마음도 다 벗어 내놓고 살 수는 없는 것일까?

땀이 흥건한 얼굴로 정상에 오른 우리들의 얼굴이 너무나 맑아 보였다. 땀은 육신의 독소를 배출시킨다고 하더니 마음의 독소까지도 배출시키는가 보다.

허기진 배를 채우기 위해 각자 지고 온 배낭을 풀었다.

배낭 모양만큼 반찬도 가지가지에다 맛은 더욱 그랬다. 각자가 곳곳에서 살아온 세월은 달라도 또 삶의 길이 다를지라도 생(生)의 정상에 오르는 것하고는 무관한 것이구나 하고 생각이 들었다.

산 아래 내려오니 사람들이 버리고 간 생활 쓰레기가 많았다. 생활의 쓰레기만 버리고 갈 것이 아니라 마음의 쓰레기도 모두 버렸으면 좋으련만, 사람들은 돌아가는 길에 마음의 쓰레기는 되가져 가나 보다!

산을 오르면서 무겁게만 느껴졌던 배낭이 한결 가벼워졌다.

불교에서는 업(업보, 업장)이라는 것을 가지고 세상에 태어난다고 한다. 산에 올라갔다 내려오는 나의 배낭처럼 그 업이란 것도 마음의 짐도 고행(苦行)으로 벗어나야 하나 보다.

기러기와 거북이

기러기 한 쌍이 하늘 높이 날아가다가 깊은 산 속에 있는 맑은 저수지를 발견하고 잠시 쉬어 가기로 하고 물 위에 내려앉았다. 이리저리 노닐면서 구경하다 보니 생각보다 물이 맑고 먹이도 풍부했다. 잠시 여유를 즐기고 있노라니 물속에서 무엇인가 치받는 것이 있었다. 깜짝 놀라 내려다보니 거북이가

"이 연못은 본래 내가 주인인데 나의 허락 없이 여기서 머물 수 없으니 다른 곳으로 가라!"

"깊은 산속에 있는 이 연못은 저절로 생긴 것인데 어찌 너의 것이냐?"

"내가 만든 건 아니지만 내가 제일 오래 살았기 때문에 내가 주인이다!"

"오래 살면 주인이 되는 거냐?"

"그렇다!"

그렇게 말다툼하는 사이에 사슴이 물을 먹으러 물가로 내려왔다. 그 모습을 보고 얼른 사슴 쪽으로 가서는 물을 먹고 있는 사슴의 입을 거북이는 치받았다. 깜짝 놀란 사슴은 산으로 올라가 버렸다.

토끼가 물을 먹다가 거북이가 오는 것을 보자 재빨리 산으로 가버렸다.

기러기는 오래 살면 주인이 되는 거냐고 말을 했지만 그렇다는 말에 할 말을 잃고 거북이가 오면 재빨리 이리저리 피해 다니기만 했다.

그러다 보니 거북이는 제 말을 듣지 않고 피해 다니는 기러기와 산짐승 들짐승 때문에 점점 목소리가 커지고 약이 올라 날로 횡포(橫暴)하게 되었다. 거북이가 그러면 그럴수록 산짐승과 들짐승들의 거북이에 대한 원성(怨聲) 또한 날로 높아갔다.

그러는 사이 가뭄이 와서 저수지의 수량은 점점 줄어들고 있었다. 저수지의 수량이 절반쯤 줄어든 어느 날 기러기는

"거북아! 나날이 물이 줄어들고 있는데 너는 걱정이 되지 않느냐?"

"너희들이 물을 먹었기 때문에 물이 줄어든 것이지 다른 이유는 없다."

"이 연못은 산 속에 있는 뭇 짐승들이 다 같이 먹고 살아갈 생명수이다!"

"시끄럽다! 나는 그런 말은 잘 모르겠으니 너희들이나 다른 곳으로 가라!"면서 막무가내였다. 물이 줄어들면 들수록 거북이는 더욱 더 바쁘다.

저수지의 수량이 점점 줄어들어 바닥이 드러나고 있었다.

"거북아! 며칠 못가 물이 없어질 텐데 걱정이 안 되냐?"

"걱정은 무슨 얼어 죽을 걱정이냐! 너희들만 없으면 되는데!"

그러고는 또 다른 짐승들을 내쫓기에 바쁘다.

또 며칠이 지나자 기어 다니는 거북이의 등마저 드러나고 있었다.

"거북아! 정말 며칠 못가 물이 없어질 탠데, 너는 어찌하려고 그러니?"

가쁜 호흡을 헐떡거리던 거북이는 그제야 말이 없다.

기러기 한 쌍은 생각 끝에 나무 젓가락만한 마른 솔가지를 가지고 왔다.

"거북아! 우리는 너를 물이 많은 다른 연못으로 데리고 갈 테니 가다가 절대 말을 해서는 안 된다! 알겠지?"

거북이는 말없이 고개만 끄덕인다.

기러기 한 쌍이 마른 솔가지의 양 끝을 물고 거북이는 중간을 물고서 하늘 높이 올라 날아간다.

그 모습을 지켜본 토끼가 먼저 소리친다.

"거북이가 잡혀간다!"

모든 짐승이 하늘을 쳐다보며 모두가 일제히 소리친다.

"거북이가 기러기한테 잡혀간다!"

그 소리를 들은 거북이는

"그게 아니고......," 하다가 그만 철퍼덕 땅바닥에 떨어졌다.

"그게 아닌데......," 중얼거리며 죽어갔다.

거북이는 이 세상에서 남을 배려하지 못하고 자신의 생각에만 사로잡혀 살아가는 사람을 뜻한다. 우리들 대부분은 자신의 생각대로 자신의 아집 고집으로 살아가는 경우가 많다. 이런 생각으로 살아가는 사람에게는 인연이 도와주려는 구원의 손길조차 알아보지 못하고 스스로 외면한다. 도와주려던 인연은 기다리다 지쳐 떠나버리고 결국 스스로 장애와 고통의 늪으로 빠져들게 되는 것이다.

방생 放生

이십여 년 전 어느 날 이른 아침에 호수의 산책길을 걸어가고 있었다.

어디에선가 목탁 소리가 은은하게 들려왔다. 나도 모르게 목탁 소리에 이끌려 소리 나는 곳으로 걸어갔다.

도착하니 예불 행사를 마치고 많은 사람이 비닐봉지에 싼 것을 호수에 붓고 있었다. 한 노보살을 붙잡고 물어보았다.

"보살님! 지금 뭐 하시는 거예요?"

"방생합니다!"

"무엇을요?"

"이거요!"

비닐봉지 안에는 못 보던 고기가 열 마리 정도가 있었다.

"이거 어디서 잡았어요?"

"나는 그것까지는 잘 모르겠고 절에서 준비한 것 같다!" 하면서 노보살은 일행을 따라 버스가 있는 곳으로 가버렸다.

어린 시절 낚시를 좋아하던 형들을 몇 번 따라간 적이 있었다. 그땐 붕어 잉어 송사리류가 전부였다. 그때 배운 낚시를 젊은 시절 간혹 즐기곤 했다. 언젠가부터 못 보던 고기가 잡혔다. 처음엔 그 고기의 이름을 몰랐으나 나중에 알고 보니 '블루길'이라는 외래 어종이었다.

블루길 뿐만아니라 다른 외래어종과 더불어 저수지마다 이들로 인해 토종 어종들이 심각한 피해를 당하고 있다고 각종 방송 매체에서도 보도했던 기억이 난다.

혹시라도 방생이란 명분으로 외래어종이 들어와서 이런 피해가 있었다면 이것은 방생을 가르친 것이 아니라 도리어 살생을 가르친 것이나 마찬가지일 것이다.

불경에 '진문진례'라는 말이 있다.

국토마다 그 국토에 알맞은 생물이 살고 그 국토에 살아가는 사람에게는 그 국토의 생물을 먹고 살아가도록 되어있다는 뜻이다. 이 땅에서 살아가는 우리와 함께 살아가는 생물들의 귀함을 알고 느끼고 보살피는 마음이 진정한 방생이라 하겠다.

방생이란 다른 사람에게 잡혀있는 물고기 날짐승 길짐승 등을 사서 살려 준다는 뜻이다. 그러므로 방생회를 통해 생명의 귀함을 몸소 체험하고 느끼고 보살피는 마음을 일깨워 주는 것이리라. 생명의 고귀함은 아무리 강조하고 가르쳐도 지나치지 않을 것이다.

그러나 다른 뭇 생명의 고귀함을 느끼고 마음으로 느꼈다고 해서 끝이 아니라 생명 중에 가장 고귀한 사람의 존엄성을 느끼고 깨달아야 바른 방생을 깨달았다고 할 것이다.

자기 자신을 아끼고 보살피는 마음 즉 본래의 마음을 찾아야 한다. 아마도 방생의 첫걸음은 닫힌 자신의 마음부터 먼저 방생하는 것이 진정한 방생의 의미일 것이다.

詩 아파하는 사랑 / 원종

사랑은 어찌해야 하는가요
님을 떠나서야
눈 감으면 아려오는 가슴이
기어코 사랑인 줄 알았네

헤아리지 못한 마음은
숨을 죽여 피는 달맞이 되어
눈을 감고 님을 그리다가 끝내
아쉬운 꽃만 피운다

님을 부르다 부르다가
내 쉰 목소리는
처마 끝에 걸려 이슬이 되고
눈을 뜨면 눈물이 풍경을 울린다

눈을 뜨기 싫어 차마

詩 박꽃 / 원종

몸단장할 줄 모르는
단아하게 소복 입은 여인
흔한 향기도 없이
지조를 지키려는 듯

벌 나비도 외면한 체
시기와 질투가 난무하는 세상
보기조차 싫어 죽은 듯 아예
고개 돌린 네 모습
볼수록 갸륵하고 정겨워
밤을 세워 지켜보았다

어둠 속에서도 세월의 꽃을 피워
속은 나물로 내어주고
겉은 박으로 담아내는
차디찬 이슬 온몸으로 맞으며
쌓은 하루하루는
어느새
지붕 위 보름달처럼 내려앉았다

詩 삶의 이유 / 원종

오고가는 사람들아
삶의이유 묻거들랑
본래본성 갈고닦아
한세상을 살아보게

햇빛쫓는 나무같이
진리따라 살다보면
오는세월 마중하니
씨앗은꿈 펼쳐내고

이세상은 성불의장
긴세월이 아닌고로
실현으로 이룬불성
성불로써 화답하네

태어난 이 세상에 공양을 올린다.

대한불교 원광종 백산사

원 종 합장

여보시게!
그 업장 나에게 주게나

마음의 **등불** 하나 세상을 **밝힌다.**

발 행 2021년 8월 1일 (辛丑 乙未 辛巳)

지은이 원 종

편집·인쇄 출판문화 대훈
053-654-7788
대구광역시 달서구 상인서로 8-7
(백산사 Tel. 053-635-8005, 638-6646)
moosang1005@hanmail.net

출판사 신고번호 제 25100-2005-000008

ISBN 978-89-956909-0-1